이토록

멋진

오십이라면

이토록 멋진 오십이라면

오직 나로 살아가기 위한 자기발견 수업

이주희 지음

청림출판

중년이라는 세계, 오십이라는 가능성

봄, 여름, 가을, 겨울이 지났고 다시 봄, 그리고 여름이다. 꽃, 구름, 비, 눈, 바람은 때론 부드럽게, 때론 거칠게 뺨을 스치고 지나갔다.

꽃, 구름, 비, 눈, 바람 탓이겠지. 눈치라곤 없는 내가 어제와 오늘의 나를 다르게 느낄 정도이니 시간이 꽤 깊어진 게다. 한동안, 사방이 어두 컴컴한 고래 배 속에 갇혀 있는 것 같았다.

그런데 언제부터였을까. 짠내 나던 시간이 싱거워지기 시작했다. 병든 친구를 부축해 함께 여행을 다니는 선배, 등산과 자전거 타기에 진심인 동료, 코시국*에도 봉사 활동을 거르지 않는

◆   코로나19가 계속되는 요즘 상황을 이르는 말.

이웃, 매일 한 권의 책을 읽어내는 지인의 소식을 접하고 난 후부터였던 것 같다.

요즘 오십 대는 옛날 삼십 대나 다름없다며 굉음을 내는 오토바이를 타고 암벽을 오르는 TV의 비현실적인 인물이 아닌, 시간과 함께 여물어가는 사람들을 보며 저만치 멀어졌던 '나'와, '지금'이 보이기 시작했다.

"거울아, 거울아. 세상에서 누가 제일 예쁘니?"라며 시들한 외피(外皮)에 대한 평가에 목을 매는 대신 미루고 외면하고 혹은 아껴두었던 소중한 것들을 찾아내 마주 앉아야 할 순간임을 깨달았다. 선배, 이웃, 친구, 지인들이 찾아낸 '부캐'◆처럼 지금 나는 내 안에 사는 소녀와 소년, 동물과 식물, 무기질과 유기질을 꺼내어놓고 대면 중이다. 그 어느 때보다 그들에게 진지한 대화를 시도하고 있다.

철학이나 심리학의 도움은 사양하기로 했다. 반백 년을 살았으니 나의 몸이, 마음이, 지난 시간이 하나의 철학이고 우주이거늘 거대한 담론에 기대는 것이 무슨 의미겠는가. 대신 내 안의 작은 씨앗에게 물을 주고 싹이 트길 기다려야지. 이미 쓸모가 다한 것도 여럿이겠지만 과거의 내가 심어놓은 것이니 생명력이 전혀 없지는 않을 터. 홀로그램처럼 여러 모습으로 나타날 나는 언

◆ 본래 게임에서 사용되던 용어지만 일상생활로 쓰임이 넓어지면서 '평소의 나와는 다른 새로운 모습이나 캐릭터로 행동하는 것'을 뜻하게 되었다.

뜻 보면 예쁘고 오래 보면 신비로울 것이다.

나보다는 남을 탓할 때도 많았고 나만 뺀 우리를 싸잡아 욕하고 나면 나만 좀 달라 보이는 것 같아 우쭐했던 시절도 있었다. 그러나 지금의 나는 나의 삶에서 수없이 등장하고 퇴장했던 '우리'에게서 배운 것의 집합이라는 것을 안다. 그 진한 경험이 슴슴한 냉면 국물처럼 맛있는 듯, 맛없는 듯 내 안에 남아 있는 것이겠지. 우리와 함께했던 미움과 질투, 감사와 행운이 나에게 미래로 가는 차비가 되어줄 것이다.

이제 다시 나와 너와 우리에게 귀를 기울여보려 한다. 나를 객관적으로 바라보고 타인을 주관적으로 이해하고 그런 나와 너로 우리를 이루는 일 말이다. 들꽃으로만 살았어도 오십 년을 살면 자연의 섭리, 우주의 이치, 세상 돌아가는 순리를 티끌만큼이나마 깨우쳤을 것이다. 다소 기울더라도 함께, 즐겁게, 의미 있게, 천천히 걸어가는 길을 찾아야겠다. 그렇게 가다 보면 백설 공주 편만 들던 거울도 내 흰 머리칼에도 적당한 값을 쳐주겠지. 공주님과 왕자님만 오래오래 행복하게 살았다는 결말 대신 여왕의 해피엔딩도 한 페이지 추가되겠지.

1장 〈다시, 나를 생각하다〉에서는 한때 X세대였던 과거의 나, 그러나 시산과 함께 변해버린 지금의 나를 만나보려 한다.

웅크린 나도, 으쓱한 나도 모두 영락없는 '나'지만 어이없게도 나는 진짜 나를 잘 모르겠다. 그 누구도 자신의 삶을 완벽하게 이해할 수도, 통제할 수도, 설계할 수도 없다지만 아직도 정체 모를 누군가에게 끌려다니는 느낌이다. '누군가'의 '무엇'으로 사는 데 길들어진 탓인지, '누군가'로 포장하는 데 익숙해진 탓인지 '나는……'이라고 써놓고 어울리는 서술어나 형용사를 찾기가 힘들다. 나는 어디로 실종된 걸까? 그런 나를 찾아내고 미래에 내가 들춰볼, 현재의 나를 기록해보려 한다.

2장 〈그리고 주위를 둘러보다〉에서는, 내가 오해하던 '우리'에 대해 되짚어본다. 예전에는 세상 살기 힘든 게 이상하고 나쁜 타인들 때문이라고 생각했다. 그 이상한 사람들을 내가 감당하고 산다며 어처구니없는 계산을 하던 시절이 있었다. 뒤집어 생각하면 너는 나이고 나는 너인데도 내가 중심인 세상에서 언제나 '너'는 옳지 않았다. '너'는 '우리'로 살기 위해 꼭 필요한 존재, 나를 사회화해주는 최소한의 타자들이다. 그동안 냉소의 힘으로 살았다면 이제 의자를 끌어당겨 진지한 마음으로 그들을 대해보려 한다.

그렇게 나와 너는 '우리'로 함께한다. 우리가 만들어낸 사회, 그곳의 얼룩진 모습에 우리는 과연 무엇을 할 수 있을지, 우리가 진정 어른이라면 반드시 지켜내야 하는 최소의 것은 무엇인지 생각해보았다.

3장 〈나로 서기, 그 준비운동〉에서는 앞으로 어떤 길을 가든 독립적인 나로 살기 위한 몸풀기를 해보려 한다. '나는 너무 고생했고 희생했다'는 자기 연민에서 벗어나 할 수 있는 일에는 최선을 다하고 할 수 없는 일은 단념할 수 있는 지혜를, 앞으로의 삶과 죽음의 여정에서 이리저리 휩쓸리지 않고 나의 결심이 온전히 내 삶을 결정짓는 강인함을 가지기를 소망한다.

4장 〈이제 넘치는 것은 비우자〉와 5장 〈아직도 부족한 것은 채우자〉에서는 여전히 넘치고 과한 것들, 부족해서 채워야 할 것들에 대한 반성과 함께 그 균형을 맞추려는 생각을 담았다. 한 숟가락도 되지 않는 의미를 찾기 위해 세숫대야만큼 출렁이는 재미를 포기하고 산 것은 아닌지, 위를 보고 견주며 사느라 온통 불행한 질투심으로 산 것은 아닌지, 지나치게 기쁘고 지나치게 슬픈 마음 때문에 중심을 잡지 못하고 사는 것은 아닌지. 과한 것들은 이제 좀 덜어내야겠다.

아울러 이 나이에 이 정도는 입어야 하고, 가져야 하고, 즐겨야 하는, 유행과 흉내 내기에서 벗어나 이제는 '나다움'의 취향, 깊이 있는 장르를 만들어가려 한다. 건강이 허락할 때까지는 최선을 다해 경제활동에 나서는 것 역시 필요하겠다. 아는 것, 말하는 것, 행동으로 옮기는 것 역시 묵은지처럼 깊은 맛을 내며 사회를 따뜻하게 하는 어른이 되고 싶은 소망을 담았다.

6장 〈삶의 기준을 '나'로 하는 행복한 이기주의자〉에서는 '내'

가 주어가 되어 비로소 서술해낼 미래에 대해 생각해보았다. 앞으로 삶의 최대 목적은 '지식'이 아니라 '행동'이어야 하지 않겠는가. 알아도 실천하지 못했던 삶을 살아보았으니 몰라도 행동하다 보면 그 의미를 곱씹는 신비한 체험을 하게 되겠지.

그 어떤 이유나 관습, 시선, 시간에서도 자유로워질 것이다. 나를 붙잡았던 것들을 풀어놓고 부지런히 어디론가 향할 것이며 소소한 것들을 만드는 기쁨을 가질 것이다. 좋은 말을 듣고 말하고, 그런 나를 기록으로 남길 것이다. 그렇게 나를 키우고 단단해져 세상의 잘못에 대해 자신 있게 말할 용기를 얻을 것이다. 그래서 나는 결국 '최중'할 것이다.

앞으로의 삶도 매 순간이 복잡하고 어려울 것이다. 인생에, 세상에 정답이 어디 있겠는가. 개미처럼 열심히 일만 하다가 청춘을 청춘답게 보내지 못한 사람도, 청춘을 너무 아름답게 보내느라 미래를 준비하지 못한 사람도, 이러나저러나 앞으로의 시간이 겁나기는 마찬가지. 그저 매 순간에 감사하고 현재를 열심히 살아가는 수밖에. 살아갈수록 수명이 연장되는 우리에게 지금은 중년도, 노년도 아닌 그냥 삶이니 말이다.

그래, 이제 여기까지 나의 질문은 끝이다. 진짜로 지친 것이 아니라 더 해낼 수 있는데 더 하지 않아서 지친 것뿐이고 우리는 그저 살아내는 존재이니 더 해내는 수밖에.

여든이 넘은 나의 노모는 '너 때가 참 좋을 때다. 되도록 힘 덜 들이고 맛있는 것 골라 먹고 예쁜 옷 입으면서 멋 내고 살아라. 더 나이 들어 후회하지 말고'라며 하루에도 열두 번씩 당부한다. 젊고 건강했던 시간과 견주면 모자람이 한참이지만 여든의 노모는 지금의 내가 가장 아름다운 시간을 보내고 있다고 말해주었다.

앞으로도 수많은 전쟁이 남아 있을 것이고 나는 좀 더 의연해진 모습으로 그 전쟁통으로 서서히 걸어갈 것이다. 그곳을 여유롭게 빠져나와 꽃과 나무가 피어 있는 들판에서 쉬었다 가야지.

나는 내 삶의 주인이니까.
나는 나이 오십의 유망주니깐.

차례

1장

**다시,
나를 생각하다**

나는 아직도
나를 잘 모르겠다

2013년 8월 13일.

21년의 세월을 함께한 회사와 이별한 다음 날, 다이어리 21개를 담은 종이 상자를 집에 던져둔 채, 나는 서소문에 있는 서울시립미술관으로 향했다. 정동길을 걸어가 '낙원을 그린 화가 고갱 그리고 그 이후' 전을 관람했다. 다음 날도 그다음 날도 선릉, 잠실, 광화문, 한남동에 있는 크고 작은 미술관엘 갔다. 서양화, 한국화, 추상화, 설치미술, 조각, 일러스트레이션, 미디어아트 등 닥치는 대로 보았다. 미술에는 영 문외한이었지만 눈으로만 느낄 수 있는 그 낯섦이 좋았다. 자극적인 소리에서 멀어져 눈으로만 느끼는 자연스러운 기분, 평안했다. 미술관에서 사온 엽서, 도록, 장신구, 찻잔 등으로 상자 한 개를 다 채웠다. 지난 사랑은 새로운 사랑을 향한 부지런함으로 잊는다고 했던가. 미술관 한 달 여행의 흔적은 지금도 옷장 한 켠을 차지하고 있다.

최근에 퇴직한 회사 선배들이 SNS로 전하는 소식을 접하며 옅은 기시감이 느껴졌다. 경영혁신 전문가였던 L은 자전거로 100킬로미터에 달하는 거리를 달리더니 이제는 설악산과 지리산을 코스별로 오르고 귀농한 친구를 만나러 낙동강까지 다녀온다. 사회과부도에 나오는 지명으로 트라이애슬론 경기를 펼치는 것 같았다. 사과청, 산삼주를 만들고 주민센터에서 민화 수업도 듣는다고 했다. 부산에 사는 P 역시 산 정상에서 찍은 사진으로 근황을 알렸고, H는 산사로, S는 아이와 이곳저곳의 역사 유적지로 테마 여행을 다녔다. 회사를 떠난 사람들은 그렇게 한동안 어디론가 떠났다가 돌아왔다.

그리고 얼마의 시간이 지나자 B는 남해, 영월, 영동, 영흥도, 평창, 삼척, 제주도 등으로 출사를 다니며 일출, 일몰, 운해, 폭포 등 생생한 자연의 모습을 보내왔다. K는 교육 컨설팅을 콘셉트로 하는 명랑한 유튜버가 되었고, S는 아동 교육 사업에 뛰어들었다. Y는 기술 자문역으로 재취업했다는 소식을 전했는데 목소리가 그렇게 밝고 경쾌할 수 없었다. 모두가 부지런히 날갯짓하며 날아다녔다.

그들은 진심을 다했다. 영양제를 먹고 정형외과를 다니면서도 매일 뜀박질과 산책을 했다. 이전보다 더 잘 해내겠다는 자신감으로 가득했다. 온 마음을 다했던 인생의 첫 번째 일을 마무리하고 다음 무대로 나가기 전 치르는 의식 같은 것일까? 아니면 세상에 홀로 던져진 것 같은 불안을 달래기 위한 위안일까? 모두가 무위의 자유 대신 무언가를 하고, 어딘가를 가고, '나는 이렇게 살아 있다'는 것을 알렸다.

내가 건너온, 그리고 누군가 지금 걸어가는 그 발걸음이 그렇게 경쾌하지만은 않을 것이다. 매 순간 '뭘 할 수 있을까', '어떻게 살아야 하나' 같은 질문이 화살처럼 날아와 꽂히니까. 세상을 향했던 안테나가 방향을 바꿔 나로 향하며 익숙하지 않은 질문들이 쏟아지지만, 그 질문을 감당해야 하는 건 온전히 나 자신뿐이다.

띠동갑 자격으로 회사의 상사들이었던 '58년 개띠의 모임'에 초대받았다. P는 퇴직 후 오랜 꿈이었던 한국화 화가가 되었고 B는 퇴직 후 사진 공부를, D는 현재 외국계 기업의 한국 지사장으로 활동하고 있다. 우리나라 역사상 가장 경쟁력 있는 세대라는 명성답게 부러움과 존경의 시선을 받는 60대 멋진 신사의 모습이었다. 경제적으로나 정서적으로나 모든 것이 완벽하고 여유로워 보였다.

누구보다 부지런하게 책을 읽고 노모와 산책을 즐기는 D는

"노후 준비를 하라는데 뭘 어떻게 해야 할지 모르겠네. 눈 깜빡하면 변하는 세상에서 공부도 해야 할 것이고, 가족과는 어떻게 시간을 보내야 할지. 또 건강관리는 어찌해야 하는지. 허탈하기도 하고 억울하기도 하고. 마음이 어수선하네"라고 했다.

그들은 모두 '찢어지게 가난한 집안'의 장남이었거나 장남 역할을 해왔다고 한다. 장학금 또는 학비 면제의 도움으로 어렵게 학교를 마쳤고 군 월급으로 신혼살림을 시작했다. 그들은 타국의 허허벌판에 공장을 짓고, 우리의 물건을 쳐다도 보지 않던 거래처를 설득해 대량의 물량을 수주하고, 20년 후에 먹고살 제품을 기획해낸, 회사에서도 전설처럼 내려오는 선배들이다. 아프리카에 보일러를 파는 일처럼 말도 안 되는 일을 해낸 그들은 실제로 많은 수가 직장 생활의 꽃인 임원이 되었다. 고도성장기에 청장년기를 보낸 덕에 적지 않은 자산을 축적했고 아날로그 세대지만 디지털 기술에도 익숙하다. 새로운 것을 배우고 적응하는 데 피로감이 없는 이들이다.

그런데, 그런 그들마저도 지금은 망망대해에서 표류하는 것 같다고 했다. 불꽃을 태우듯 살고 나니 여유로운 시간이 자유가 아니라 불안으로 다가오고 워라밸을 익히지 못한 탓에 가족과의 관계나 취미 생활이 풀리지 않는 수학 문제처럼 어렵다고 했다. 아침에 눈을 떠 딱히 갈 곳 없고 할 일이 없는 날은 쓸모없는 사람이 된 것 같은 허무함이 밀려온다고 했다.

불같이 끓어오르는 마음을 누르고 또 누르며 손목이 저리도록 내 입보다는 자식들 입에 맛난 것 넣어주는 재미로 살았는데 그런 아이들은 저 혼자 큰 줄 알고, 사회적으로 인정받는 자리에 오른 친구들을 보면 '나는 그동안 뭘 위해 이러고 산 건가' 하는 허탈함을 느낀다고, 친구들도 말했다.

"머리가 좋든 돈을 많이 벌었든 사회에서 중요한 역할을 했든, 퇴직 후 이 나이가 되면 모두가 비슷해지는 것 같아. 일렬횡대로 서게 되지. 아등바등 살아온 사람들은 내가 왜 이런 줄에 서 있나, 받아들이기가 쉽지 않은 거지." P가 말했다.

"그냥 그렇게 늙어가는 거야. 계속 쌓여가는 숙제를 우리 인간이 어찌 다 감당하겠어. 이제는 지나친 책임감도 좀 내려두고 나를 돌보는 시간을 가져봐야지." B는 사진을 공부하면서 세상이 이전보다 아름다워 보인다고 했다.

무시무시한 상사였고, 성공한 인생의 대명사처럼 보이던 분들 역시 해무가 깔린 바다에서 길을 잃은 것 같은 느낌이라니. 인생에 정말 정답이라곤 없는 건가. 아직 배우고 싶은 것, 하고 싶은 게 너무 많다고 말하는 이 선배들은 참으로 단단해 보였다. 솔직한 자기 고백은 어려운 인생의 질문에 도망가지도, 자만하지도 않고 성실히 임하겠다는 각오처럼 들렸다.

"전 요즘 매일 목이 마른데 그게 뭔지 잘 모르겠어요. 불완전

연소 된 것 같은 느낌이에요. 타다 만 통나무 같아요. 뭔가를 다시 시작해야 할 것 같은데 자꾸 기가 죽고 눈치가 보여요. 10년 전만 해도 참 자신만만했던 것 같은데." 선배들은 '그래, 자네도 이제 그럴 나이가 되었구먼' 하는 눈빛을 보내며 조용히 그들의 옆자리에 수저 하나를 더 올려놓아주었다.

사실, 나는 X세대다.

"난, 나야"를 외치며 압구정과 대학로, 신촌을 활보한 야타족, 오렌지족과 같은 시대를 살았다. 콜라텍에서 몸 좀 흔들어봤고, 《바람부는 날이면 압구정동에 가야 한다》라는 유하 시인의 시집과 영화 잡지 《키노(KINO)》를 읽었고, 왕가위 감독의 영화 〈중경삼림〉에 열광했다. 아날로그에서 디지털로 넘어가는 시대를 살았으며 적극적으로 정치에 참여하며 정권 교체와 경제·사회의 거대한 변화를 이끌어낸 주역이다.

남보다는 '내가 더 중요하다'고 배워서 찰지게 내 주장을 관철할 줄도 안다. 오랜 사회생활로 정체성이 신발 밑창처럼 닳아 없어졌지만 사실 본질은 '따르기'보다 '이끌고' 싶은 욕구가 강하다.

그러니 IMF 외환위기와 금융위기를 겪으며 사회에 진출한 40대보다 과감하기도, 그래서 어쩌면 더 철없는 세대일지 모르겠다. 그런데 지금은 현재 진행 중인 자녀 양육과 부모님의 급격한 노화로 경제적·육체적·감정적으로 모두 힘들다. 마땅히 해놓은 노후 준비도 없으니 시시때때로 불안하다. 사회형 인간으로, 가장으로, 엄마로, 아빠로 살아오느라 내가 뭘 좋아했었는지 호불호도 흐릿해졌다. 무엇을 강력하게 표현할 입장이 아닌 채로 수십 년을 살아서 '내'가 없어진 지 오래다. "난, 나야"를 외쳤던 X세대들은 지금 피곤하다. 불안하고 목마르다.

나는 다시 '나'에 대해 생각한다. '별것'이 될 줄 알았는데 '아무것'이 된 나를.

그리고 또다시 '별것'을 꿈꾼다. 그리고 나의 '쓸모'에 대해 생각한다. 어딘가에 좀 더 쓰이고 싶다는 생각. 늘 내가 가진 잠재력보다 덜 쓰고 있다는 이 답답함과 갈증을 어디에선가 풀어내고 싶다.

코로나19로 많은 시간을 집에 머물면서 고립감은 더욱 커졌다. 최소의 공간에서 최소의 공동체를 지키기 위해 단조로운 일을 반복하는 것은 쉽지 않았다. 미술관을 다닐 때는 내 안 어딘가에 남아 있을 소녀와 소년을 만나고 싶었는데 이제 그들이 품었던 가능성은 완전히 소멸한 것인지.

요즘 나는 다시 어딘가로 향한다. 퇴사 후 8년 사이에 아이들은 조금 더 자랐고 나는 '나'보다는 '엄마'가 되었다. '진짜 세상'을 찾기 위해 세상 밖으로 나왔지만, 오히려 세상 한복판에서 치워진 것도 같고, 사랑인지 희생인지 모를 문턱에 넘어진 것도 같다. 아니 의지박약의 결과인지도 모르겠다. '신은 한쪽 문을 닫을 때 반드시 다른 한쪽 문을 열어놓는다'◆고 하지 않았던가. 그 열린 문을 찾는 건 아마도 우리 인간, 나의 몫이겠지.

비 오는 어느 날, 팔당댐으로 달려가 카페에 앉았다. 유독 커피 맛이 쓰다. 왁자지껄 혼잡한 이곳에 홀로 앉아 생각했다. 오늘부터 나는 신원 미상이 된 '나'를 다시 찾아야겠다.

학창 시절의 나도, 회사에 다니던 나도, 지금 가족을 돌보는 나도, 친구 앞의 나도, 부모와 형제 앞의 나도, 배우자 앞의 나도, 자식 앞의 나도, 이웃 앞의 나도, 미래에 존재할 내 앞의 나도 모두가 '나'일 것이다. 과거처럼, 미래의 나는 때론 똑똑하고 때론 멍청하고, 때론 착하고 때론 악하고, 때론 적극적이고 때론 소극적일 것이다. 그래도 외쳐야겠지.

"난, 나야!"

◆ 영화 〈사운드 오브 뮤직〉의 주인공 마리아의 대사. "When the Lord closes a door, somewhere he opens a window."

"B부장도 이제 중년이네. 평생 안 늙을 줄 알았지?"

영원히 청년일 것 같던 M대리, O과장, K과장은 완연한 사십 대가 되었고 B부장, Y부장은 이제 오십을 바라보고 있다. 자신감 충만 했던 청년들을 흰머리가 희끗한 중년으로 만든 건 예전의 상사였던 나일까? 지금의 상사일까? 그 누구도 아닌 그저 시간일까?

"제대로 된 리더의 역할을 하지 못하고 있는 것도 반성해야겠지만 권한은 줄어들고 책임만 늘어나니 힘들어요. 세상은 변하는데 우리가 쫓아가지 못하고 있는 건지, 벌써 꼰대가 된 건지 잘 모르겠어요."

그들은 회사를 걱정한다. 후배들의 미래를 걱정하고 자신이 든든한 방패가 되어주지 못함을 미안해한다.

그래, 제대로 익어가는 중이다. 걱정, 미안함은 넣어두어야겠다.

INTENNA◆

Q : 20대 중반, 나는 (   )이 되고 싶었다.

    40대, 나는 (   ) 했다.

    50대, 나는 (   ) 한다.

    60대, 나는 (   ) 할 것이다.

    70대, 나는 (   ) 할 것이다.

Q : 30년 전의 나를 만난다면 지금 나는 어떤 사람이라고, 어떤 사람이 되었다고 말할까요?

_____

_____

_____

_____

_____

_____

_____

_____

_____

◆ 단말기 내부에 장착되어 외부에 돌출부가 없는 안테나. 진정한 나를 알아가는 질문을 담았다.

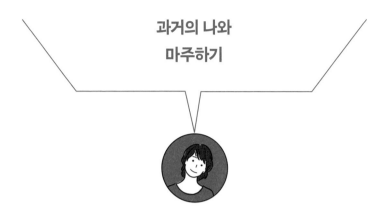

과거의 나와
마주하기

햇살이 부서지는 어느 날, 연두색 버드나무가 늘어진 수유동 백련사 입구의 천장 높은 카페에서 고등학교 동창인 H와 P를 만났다. 우리는 드라마 〈응답하라 1988〉처럼 서울 올림픽이 열렸던 1988년에 쌍문동에서 살았고 미아삼거리의 Y고 3학년이었다. 정확히 기억할 수는 없지만, 결혼과 출산, 이사가 겹치면서 연락이 끊겼고 꽤 오랜 시간이 흘렀다. P가 우연히 들른 서점에서 나의 책을 발견하면서 우리는 20여 년 만에 재회했다. H는 여전히 소녀 같았고, 작지만 어른스러워 늘 우리 둘을 챙겼던 P는 당당하게 음식 주문에 앞장섰다.

"그래서 《카라마조프가의 형제들》은 다 읽었니?" P가 물었다. 도스토옙스키의 소설?

"널 생각하면 《데미안》, 《카라마조프가의 형제들》이 떠올라. 그 책 읽다가 포기하고 읽다가 포기하고 그랬어. 나도 그 기억에 몇 번 집었는데 결국 완독에는 실패했지."

내가 그랬던가. H도 덧붙였다.

"넌 항상 반듯하게 다려 풀 먹인 셔츠를 입고 다녔어. 그 칼라셔츠가 난 그렇게 부러웠다."

내가 기억하지 못하는 나를 기억하는 친구들을 마주한 순간, 봉인되었던 고등학교 시절이 판도라의 상자처럼 열렸다. 해일처럼 그 때의 추억들이 가슴으로 밀려왔다.

전지(全紙)에 전교 1등부터 100등까지를 적어 교무실 앞에 걸어두던 일, 그 성적대로 도서관 자리를 배정받던 일, 시험에서 틀린 개수대로 발바닥을 맞던 일 등 우린 한동안 Y고등학교 1학년 8반 교실에 앉아 있었다. 그래, 그때 우리는 헤르만 헤세의 《수레바퀴 아래서》, 펄 벅의 《대지》 등을 밤새워 읽었지. 방학이면 아랫목에 누워서 누런 갱지의 문고판 책과 함께 뒹굴었는데.

"넌 우리 중 가장 자유로운 영혼의 소유자였어. 꽤 대범했지." 모의고사가 한창이던 고3 가을, 자퇴하겠다며 수업을 거부했던 나의 에피소드를 떠올리며 H가 말했다. 당시의 나는 분노와 격랑이 뒤섞인 시절을 보냈는데 친구는 그 시절의 나를 '자유로운 영혼'으로 기억했다.

대학생 때 친구들도 가느다란 눈썹, 두툼한 갈색 립스틱, 무스로 머리에 잔뜩 뽕을 넣고 다니는 게 유행이었던 시절, 민낯으로 디스코 청바지를 입고 볼펜 하나를 돌리며 수업에 들어오는 모습을 보고 비슷한 말을 했었다.

"야, 너 너무 자유로운 거 아니니?"

그리고 나는 회사원이 되었다. 일을 배웠고 사람 간의 관계를 알았고 세상을 상대하기 위해서는 좀 더 다듬어져야 한다는 걸 깨우쳤다. 자퇴서를 들고 다니던 고3처럼 밥 먹듯 사표를 꺼내들었지만 삐져나오는 마음을 정으로 다듬으며 시간을 유예했다. 밥벌이하는 동안 나는 철 다리도 두드리고 건널 만큼 조심스러운 사람이 되었다. 지금도 미래를 걱정하느라 현재를 희생하며 산다. 걱정, 불안, 조바심은 일상적인 습관이 되었다. '자유로운 영혼'이었던 나는 어디론가 흔적도 없이 사라졌다.

시간이 흘러 관리자가 된 후에는 더 조심스럽고, 성실하게 살았다. 그리고 상사, 동료, 부하들이 보는 나의 모습, 즉 360도 다면평가지를 받아들었을 때, 내가 몹시 낯설게 변해 있음을 깨달았다.

자세하게 기억나진 않지만 대체로 '디테일하다'라는 평이었던 것 같다. 좋게 말해서 그런 것이고 사실, 부하에겐 괴로운 상사였다. 내 돈 계산은 못해도 부하 직원에게 지시한 내용은 토씨 하나 잊은 적 없고, 여러 번 수정 지시를 내렸음에도 만족스럽지 않은 경우엔 가져다가 직접 고쳤다. '이렇게 해보면 어떻겠느냐, 저렇게 하는 건 어떻겠느냐. 이걸 다시 해보자'라며 많은 말을 쏟아내기도 했다.

친구들에게 내가 자유인처럼 보였던 이유는 문고판 책 속의 정체성 강한 주인공들의 대사 몇 마디를 흉내 냈기 때문이었다. 수업을 거부하며 폼만 잡았지, 부모님의 설득에 자퇴서는 결국 찢어버렸다. 학점은 포기하고 신나게 놀아보자며 친구들과 의기투합했어도 백지 대신 아는 대로 줄줄이 쓰고 나오느라 손목이 아플 지경이었다. 돌아보니, 친구들이 기억하는 어린 시절의 나는 강하고 대범하고 쿨하게 '보이고' 싶은 나였다.

인사팀으로 자리를 옮겨 업무 담당자로 다면평가를 진행하면서 한 가지 깨달은 것은 '나'를 규정하는 건 나의 본질보다 '상황'과 '관계'라는 것이다. 누구나 상황과 역할에 맞게 적당히 만들어진 나로 산다. 각각의 관계에서 오랜 시간 길든 모습일 것이다. 나의 꼼꼼함이 누군가에겐 믿을 만한 사람으로 보였을 것이고 누군가에겐 답답함으로 남았겠지. 회의실 탁자에서 간혹 침을 튀기며 보여주었던 '호전적인' 모습은 책임을 져야 하는 사람에겐 부담이었을 것이고 매너리즘에 빠져 있던 사람에게는 청량함으로 남았겠지. 누구든 누군가에게 영원히 좋은 사람이 될 수도 없고 그렇다고 매번 나쁜 사람도 아니다.

시간의 흐름 속에, 사건의 연속성에, 관계의 복잡함 속에서 나는 같지만 다른 모습으로 살아왔다. 자식으로, 친구로, 엄마로, 배우자로, 부하로, 상사로, 이웃으로, 학생으로, 회사원으로 수많은 역할과 규정에 따라 복제와 변형을 거듭했으니, 지금의 나는 단순 위장이 가능했던 어릴 때보다 조금 더 복잡해졌을 것이다.

진짜 내 모습 따위는 없거나 잊었고 또한 잃었거나 쓸모없을지 모르지만, 친구들의 증언을 첫 단추 삼아 나를 알아보려 한다. 과거의 기록은 어쩌면 잊고 산 나의 가능성을 깨워줄 것이고 타인의 시선은 내가 모르고 있던 나의 불균형을 깨우쳐줄 것이다.

역사가 승자의 기록인 것처럼 개인의 과거 역시 실패와 불행이 성공과 행복으로 미화되거나 왜곡되어 기억 속에 남아 있을지 모르겠지만 아무려면 어떤가. 그 시간들이 나를 지금 여기로 데려다준 것을. 지금의 나는 과거의 나를 만나 묻고 싶다. 어떤 미래를 꿈꾸었는지, 지금의 나는 마음에 드는지 말이다. 잠자고 있던 백설 공주를 깨운 건 왕자님의 키스였지만 지금 잠자고 있는 나를 깨우는 건 어쩌면 수많은 나를 향한 나의 입맞춤일지 모른다.

신이 열어둔 반대편 문을 찾아 나오려면 말이다.

완숙이

어렸을 때 나는 집에서 '완숙'이라는 이름으로 불렸다. 대체로 지방에서 올라오는 집안 어르신들이 그러셨다. 완전할 완(完)에 맑을 숙(淑), 여자로는 끝이라는 뜻이라 했다. 끝순이, 말숙이보다는 낫다고 생각했지만, 혹시나 누군가 그 이름으로 나를 부를까 조마조마했다. 어쩌다 이름의 존재를 알게 된 친구들은 학교 가는 길 집 앞에서 큰 소리로 "완숙아, 학교 가자. 아직 안 익었니? 그럼, 반숙아. 학교 가자"라고 소리쳤다.

언니 둘에, 남동생 하나. 결국 임무를 완수한 다음에야 호적상 이름인 현재의 이름으로 불렸다. 그리고 '아네스'라는 세례명까지 얻으며 완벽하게 완숙이에서 탈출했다.

지금의 이름은 정재계 인사들의 작명으로 유명했던 작명가 K가 지은 이름이다. 사주팔자를 보러 가면 모두가 눈을 크게 뜨고 묻곤 했다. "이 이름 K가 지은 거지?"라고. 잘은 모르겠으나 이름이 사주에 비해 매우 '크다'고 했다. 그러고 보니 내 안에도 한때 커다란 우주가 있었던 것 같다. 그 광활한 우주로 나갈 줄 알았던 나는 몇 걸음 떼지 못하고 지금 여기에 있다. 완숙이든 현재의 이름이든, 이름값 하지 못하고 사는 건 아닌지 마음이 스산하다.

볼 빨간 여수

어릴 때 밖에서 놀다 들어오면 늘 볼이 빨갛게 달아 있었다. 온도 차가 큰 곳을 오가면 달아오른 볼이 식기까지 꽤 오랜 시간이 걸렸고 친구들은 볼에 박혀 있는 다홍색 당구공을 보며 촌스럽다고 놀렸다. 하지만 나는 놀림에도 아랑곳하지 않고 친구, 동네 어른이나 친척들 앞에서 시도 때도 없이 가수 이은하의 〈밤차〉나 나미의 〈빙글빙글〉 춤을 춰댔다. 어른들은 빨간 볼을 한 채 숨을 몰아쉬는 나에게 100원을 쥐어주며 "고년 참 여수*네"라고 말했다.

20대 후반 여러 철학관을 찾았을 때 공통적으로 들은 질문이 두 가지 있다.

"아가씨, 춤춰?", "아니요.", "춤췄으면 크게 되었을 거야."

"아가씨 외국에서 살아?", "아니요.", "외국에서 춤추고 살았으면 엄청 유명한 사람이 됐을 거야."

큰아이가 춤에 소질이 있는 걸 보고 나서야, TV에서 인기몰이 중인 댄서들을 보고 나서야 〈밤차〉, 〈빙글빙글〉만 출 게 아니라 외국에 나가 춤을 배웠어야 했나, 생각이 들었다.

◆ 여우의 사투리.

나의 꿈은……

~~~~~~

국민학생◆ 때 누군가, '너는 커서 뭐가 되고 싶니?'라고 물어오면 고민 없이 '과학자요'라고 대답했다. 특별한 이유는 없었다. 아인슈타인이나 에디슨의 전기를 읽은 후부터 과학자가 세상에서 가장 근사해 보였던 것 같다. 어린이들의 꿈은 유행을 탄다. 이유 없이 품었던 과학자라는 꿈은 소질이나 취향이 아닌 그저 유행에 편승한 결과였을 것이다. 아이들의 꿈은, 옷이나 신발처럼 시대의 트렌드를 반영하니까.

중·고등학생 때는 사촌 언니에게서 물려받은 세계 명작소설이나 문고판 책, 만화책 등을 몰입해 읽었다. 과외 금지로 학원도 없던 시절이니 방학 때는 주로 독서나 자율학습 명목으로 학교에 나가 친구들과 수다를 떨며 시간을 보냈다. 그래서인지 잠시 소설가가 되고 싶었던 것 같다. 대학생 때는 학교신문 만드는 일을 하며 영화감독이나 기자를 꿈꾸기도 했으나 졸업 즈음, 상식학원과 영어학원을 다니며 공기업 입사를 준비했다. 안정과 여유가 중요하다고 생각했던 것 같다.

과학자를 꿈꾸던 국민학생 이후 거창한 무엇이 되겠다는 구체적인 신념이나 노력은 기억에 없다. 다양한 직업군을 접할 기

◆ 요즘은 초등학생이라고 부르지만 나는 국민학교를 졸업했다. 여기서는 '국민학생'으로 적는다.

회가 많지 않았던 시절이라 그럴 테지만 젊은이가 과감한 도전 없이, 그럴듯한 방황도 없이 너무 성급히 안정을 구했나, 하는 후회가 남는다.

조급했던 과거의 나에게 묻고 싶다. 지금의 나는, 과거에 막연히 그리던 미래의 모습인지.

앨범 속 닮은꼴 찾기

"이게 엄마야? 헐."

얼굴의 반을 덮는 둥그런 안경에 커트 머리, 터질 듯한 얼굴살, 불만 가득한 표정.

중·고등학교 앨범엔 그런 내가 있고 아이들과 남편은 그런 과거에 놀란다.

괜히 친정에서 앨범을 가져왔나 싶다. 과거는 늘 가혹하다.

"그래도 요건 좀 깜찍하네."

백일과 돌 사진, 얼굴 형태가 만들어지기 전의 얼굴은 꽤 똘망똘망하다.

"야, 너랑 똑같이 생겼잖아."

난 작은아이랑 닮았다. 아니, 작은아이는 날 닮았다.

그래, 과거는 역시 괴기로 두는 게 맞는 것 같기도 하고.

일기장

　학창 시절, 가장 열심이었던 건 '일기 쓰기'였다. 칸 공책, 줄 공책, 원고지, 편지지, 다이어리, 책날개 등 쓸 수 있는 곳이라면 어디든 흔적을 남겼다. 그래서 《브리태니커 백과사전》처럼 두껍게 제본된 일기장이 여러 권 남아 있다.

　앨범이 비디오라면 일기는 오디오다. 과거의 하루하루가 기록된 일기를 읽으니 어린 시절의 나와 대화를 나누는 것 같다. 아니, 있지도 않은 딸의 일기장을 훔쳐보는 기분이다.

통지표

　지금은 생활기록부라고 하는, 손으로 쓴 통지표와 상장 몇 장이 누런 봉투에 보관되어 있다. 예전의 선생님들은 참으로 명필이었다. 국민학생, 중학생 때 키나 몸무게가 평균 미달일 정도로 허약했는데 놀랍게도 모두 개근이다.

　중학교 2학년 때 담임선생님이 쓴 통신란에는 "깜찍하며 나무랄 데 없는 모범생입니다"라고 적혀 있다. 비교적 성실한 학생이었나 보다. 아쉽게도 고등학생 때의 흔적은 찾을 수가 없다. 졸업 때 모두 버려버린 기억이 어렴풋이 난다.

월급 명세서

월급날이면 자금부에서 '드르륵, 드르륵' 하는 도트 프린터 소리가 몇 날 며칠 이어지던 시절, 첫 월급을 받았다. 전산화(그땐 이렇게 불렀다)가 되기 전까지 받은 월급 명세서 뭉치가 노란색 고무줄로 단정히 묶여 있다. 그렇게 나는 2013년에 퇴직할 때까지 총 251번의 월급을 받았다. 직급, 상여금의 변화가 고스란히 남아 있다. 그 한 달 한 달의 명세서 속에 내가 살고 있었다.

다이어리

매해의 숫자가 금박으로 박힌 다이어리가 20여 권 있다. 간혹 다이어리 사이에 끼여 있던 식사 영수증, 사진, 엽서도 나온다. 업무 진행 상황, 회의 내용이 기록되어 있고 카드 사용 내역, 여행 계획, 그날의 기분들도 순서 없이 적혀 있다. 이제는 기억도 나지 않는 수많은 약속, 그날의 만남도 글로 남아 있다.

나는 이 시절에, 이런 시간에, 이런 일을 하며, 이런 생각을 하고, 이런 사람과 만나고 있었구나. 하루도 허투루 살지 않았다는 듯, 다이어리들이 웅성댔다.

과거의 나를 마주할 단서는 생각보다 많지 않았다. 오십 년 넘는 시간의 흔적치고는 너무 형편없었다. 막상 과거의 흔적을 펼쳐놓고 보니 당연히 기억할 것이라 생각했던 것들은 잊었고 오히려 중요하지도 않은 일들이 또렷하게 기억나기도 했다. 기억은 불규칙한 선택의 결과인가 보다.

구체적인 흔적으로 남아 있는 앨범, 일기장, 통지표, 다이어리에는 자그맣고 순수했던 나와 생각보다 큰 이상을 가졌던 내가 함께 발견되었다. 지금의 나는 또 무엇으로 미래의 나에게 남을까? 오늘 이 하루를 어떻게 남겨야 할까. 분명한 건 나는 태어난 후 어느 순간에나 존재했다는 것이다. 모든 해, 모든 달, 모든 요일, 모든 시간에. 그리고, 세상을 떠나기 전까지 앞으로도 계속 그러할 것이다.

그런데, 친구 P야. 사실 난 《카라마조프가의 형제들》보다 하이틴 로맨스, 할리퀸 로맨스를 더 많이 읽었어. 교과서보다 작은 문고판 할리퀸 로맨스 시리즈는 야간 자율학습 시간에 교과서와 겹쳐서 몰래 읽기에 안성맞춤이었지. 도스토옙스키가 로맨스 소설 작가에게 진 셈이지.

혹시 주말에 학교에 나와 선생님 눈을 피해 교실에서 드라마 〈브이(V)〉를 봤던 기억은 나니? 쥐를 한입에 잡아먹는 다이애나는 무서웠지만 정말 매력적이었어. 야자 땡땡이치고 숭인시장에서 떡볶이 사 먹고 근처 초등학교 운동장 구석에 앉아 많은 이야기를 나누었지. 그리고 다음 날 교무실 앞에서 벌을 섰지.
아, 남녀공학에서 교무실 앞 벌이라니, 정말 최고의 형벌이었어.

INTENNA

Q : 나의 이름과 별명에는 어떤 사연이 있나요? 내 모습과 나의 이름, 별명은 서로 닮았나요?

_____

_____

_____

_____

Q : 학창시절의 일기장과 통지표, 앨범을 찾아보세요. 그곳에 숨어 있는 나를 찾아내는 겁니다. 나는 주로 어떤 고민을 했을까요? 눈에 띄는 단어(형용사, 명사, 동사)에 동그라미를 해보세요. 기록 속의 나는, 내가 기억하는 나와 얼마나 같은가요?

_____

_____

_____

_____

_____

Q : 나의 인생 그래프를 그려보세요. 인생에서 연령대별로 생각나
　　는 강렬한 사건 10가지를 만족도에 따라 표시하고 연결해보면
　　지난 인생의 높낮이가 보입니다. 당신의 인생은 어떤가요?

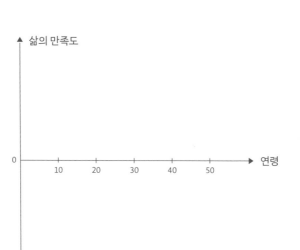

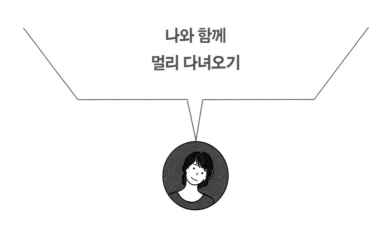

나와 함께
멀리 다녀오기

"1, 2, 3, 4······ 101, 102······ 1002, 1003······ 9999, 10000, 10001······."

고3 가을이었다. 누런색의 종합장에 1씩 늘어나는 숫자를 쓰기 시작했다. 한 권을 다 채워갈 때쯤이 되자 숫자 하나가 한 줄에 다 들어가지도 않았다.

"야, 이 정도면 기네스북에 도전하는 게 낫겠어." 학력고사가 코앞이었으니 친구들은 수업도 듣지 않고 숫자만 쓰고 있는 나를 몹시 걱정했고, 당장이라도 학교를 박차고 나가려는 거대한 기운을 농담으로 희석해주었다.

그런데 몇 권의 연습장이 쌓이자 마음이 가라앉고 견고해졌다. 다시 이전처럼 수업을 듣고 원서를 쓰고 시험을 보았다. 어디서 그런 방법을 생각해냈는지는 지금도 모르겠다. 숫자를 쓰며 나는 교실을 떠나 먼 곳에 다녀온 것 같다. 그곳에 선생님으로부터 받은 마음의 상처를 두고 온 덕분에 무사히 언덕을 넘었다.

"이 대리, 다음 달부터는 발송 대행 회사를 알아봐. 이거 고생스러워서, 원."

부장님은 회의실에 잔뜩 쌓인 책자를 보며 멋쩍은 얼굴이 되었다. 회사 소식을 영문 뉴스레터로 만들어 해외법인 직원들과 거래처에 발송하는 일을 할 때였다. 인쇄물을 일일이 봉투에 넣고 주소를 출력해 DHL로 보내는 것까지가 업무의 마지막이었다. 부장님의 염려와 달리 나는 한 달에 한 번, 가득 쌓인 뉴스레터가 그렇게 반갑고 고마울 수가 없었다. 반나절 동안 회의실에 앉아 봉투를 붙이며 나는 고3 때처럼 또 멀리 다녀왔다. 회사를 박차고 나가고 싶은 마음도, 주먹을 불끈 쥐게 만드는 상사의 비아냥도 덕분에 외면할 수 있었다.

대대적인 숙청을 단행하기 전날, 망치로 구두를 고쳤다는 스탈린처럼, 곡이 잘 써지지 않으면 수집한 해골을 쓰다듬었다는 부르크너처럼, 난 그렇게 마음을 고르고 골랐다.

바느질이나 뜨개질을 하기도 했다. 몇천 원이면 사는 목도리를 몇 배의 돈을 들여 직접 뜨거나, 수선집에 맡기면 감쪽같아질 옷도 새벽까지 고치고 꿰맸다. 손가락도 찔리고 어깨도 아팠지만, 나에 대한 실낮, 오늘의 반성은 그렇게 묽어졌다.

요즘은 콩나물을 다듬거나 멸치 똥을 빼내는 데 시간을 집중한다. 작아서 발라낼 것도 없는 멸치를 다듬고 나면 좀 더 큰마음으로 살자고 마음먹게 된다. 온통 엉겨서 한 덩어리가 된 실타래를 잡고 씨름한 적도 있다. 결국 예쁘게 다 풀어 휴지 봉에 감는 데 성공했다. 그러고 나니 허리가 아팠을 뿐 마음은 하늘을 날아다닐 듯 가벼워졌다. 나는 그렇게 무겁게 멀리 가서 가볍게 돌아오기도, 가볍게 가서 무겁게 돌아오기도 한다. '생각 없는 생각'으로 결승점을 향해 무심히 걷는다. 큰일도, 복잡한 일도, 까다로운 일도, 별것 아니라고, 해결할 수 있다는 용기를 얻고 돌아온다.

요즘은 실제로 멀리 간다. 집에서 2킬로미터쯤 떨어진 구립 도서관에 가서 한 시간 정도 책 구경을 하고 시장에 들러 설탕이 잔뜩 발린 꽈배기나 갓 쪄낸 모두부를 사서 돌아온다. 호르몬의 변화로 체온도, 기분도 들쭉날쭉인데 그렇게 다녀오면 호흡도 안정되고 마음도 가벼워진다.

동반자는 라디오다. 청취자들의 사연을 들으면 누군가와 한바탕 수다를 떤 것 같다. 감사, 원망, 실수, 책임, 사랑, 질투, 그 모든 감정이 비빔밥처럼 섞여 있는데 듣고 나면 묘하게 속이 든든해진다.

차츰 반경을 넓혔다. 어린 시절을 보낸 수유리의 아카데미 하우스와 법정 스님이 유명 요정 대원각을 시주받아 창건한 성북구의 길상사, 남산도서관에서 동국대와 남산서울타워로 연결되는 둘레길, 서대문구 뒤편 안산 둘레길의 전나무숲, 조선 시대에 가장 긴 다리였다는 행당동의 살곶이 다리, 동대문에서 낙산공원으로 향하는 한양도성길도 걸었다. 회사 생활을 하며 마음이 복잡할 때 다니던 삼청동 일대와 인사동, 북촌의 한옥마을에도 다녀왔다. 그곳에서 작은 회오리처럼 똬리를 틀고 있는 젊은 시절의 추억, 감정들과 만났다. 부자인 마음으로 뛰어다니던 어리고 젊고 건강한 시절의 나를 거리에서 만났고, 반가웠다.

그렇게 다녀오면 한껏 구겨져 있던 몸과 마음 앞뒤로 훅 하고 바람이 들어오며 부풀어 오른다. 갈라진 사이의 틈으로 졸졸 물이 흘러들어오는 것도 같다. 그렇게 나에게 집중하고 나니 해야 할 일들이 생겨났다.

수유리에

다녀온 어느 날에는 앨범을 정리했다. 사진을 앨범에 차곡차곡 넣고 사진으로 찍어 파일로 만들었다. 쉬운 일은 아니었지만, 우리 집의 역사가 파노라마처럼 눈앞에 펼쳐지니 대화거리가 풍성해져 며칠간 집안이 수다스러웠나. 미니 시리즈 드라마를 한

번에 정주행한 느낌이랄까. 뭉텅이로 버려져 있던 과거가 한 올 한 올 펴졌다.

사진은 똘망한 얼굴로 태어나 예쁘다고 할 순 없어도 맑은 모습으로 20, 30대를 보낸 나를 보여주었다. 설레는 얼굴로 일했고 어색한 표정으로 결혼식을 올렸고 피곤한 얼굴이지만 아이와 부지런히 놀아주었다.

여기저기 아무렇게나 묶여 있는 아이의 성적표, 상장, 편지, 사진, 학교 작품 활동도 정리를 시작했다. 아이들이 과거를 통해 현재와 미래의 방향을 잡을 수 있도록, 훗날 홀로 멀리 다녀올 일이 생기더라도 그곳에서 따뜻할 수 있도록 말이다.

남대문 일대를

다녀온 날에는 종이신문을 스크랩했다. 정보도 넘쳐나고 모두가 디지털 저장 방식을 사용하는데 신문을 칼로 오리고 공책에 붙이는 일이 왜 이렇게 즐거운지. 홍보팀에서 스크랩 당직을 설 때는 그렇게도 싫더니 지금은 읽고 오리고 붙이는 아침 시간이 그렇게 느긋하고 평화로울 수가 없다. 아직 쌓여 있는 신문이 한가득이지만 정리된 스크랩북을 넘기니 대단한 영감이 떠오르는 것 같고 시대의 정신을 저장하고 있는 것 같아 뿌듯하다. 언젠가는 나를 도와줄 지니가 될 거라 믿으며 주문을 걸어놓았다.

예술의 전당에서

열린 회사 선배의 전시회에 다녀온 후로는 미술관 홈페이지와 SNS에 접속해 팔로우하고 현장 중계를 보았다. 미술관은 참 묘하게 사람을 끌어당기는 힘이 있다. 글이나 음악과 달리 그림에는 우아한 귀족 부인의 자태처럼 도도한 매력이 있어서가 아닐까 싶다. 난해한 것들이 대부분이지만 내 눈이, 내 마음이 느끼는 만큼만 보려고 한다. 미술을 전공한 동네 지인도 그랬다.

"작가가 어떤 생각으로 그림을 그렸는지, 재료는 무엇인지, 어떤 시대정신을 반영하고 있는지 뭐가 중요한가요. 작가의 의도보다 관람객의 느낌이 더 중요하죠." 지인의 응원에 용기를 얻어 불쑥불쑥 미술관에 간다. 언젠가는 가까워지겠지.

라디오에서

나오는 노래를 들을 때면 울컥 눈물이 난다. 잊어야 할 일도, 극복해야 할 일도 딱히 없는데 노래만 들어도 가슴이 울컥. 젊을 때는 멜로디에 취했는데 이제는 가사 한 마디 한 마디가 마음을 울린다. 기왕 감정 과잉의 병을 앓는다면 멜로디뿐 아니라 노랫말까지 천천히 음미해보자는 마음에 가사 필사를 시작했다. 멜로디의 느낌과 발을 맞춘 문장도 있고 멜로디와는 전혀 다른 뜻의 문장도 있다. 노래가 더 풍부하게 들린다.

코로나19로 시작된 일들이었지만 나와 함께 멀리 다녀오니 꽤나 의미 있는 '프로젝트'가 만들어졌다. 사는 것은 시간과 공간의 연속적인 이음 아니던가. 그 시간과 공간을 조금만 비틀어도 틈새에 끼어 있던 또 다른 내가 터져 나온다. 무엇을 새롭게 시작하지 않아도 내 안에서 자랐고 혹은 잊힌 나를 조용히 만나는 일은 또 다른 새로움이었다.

나는 앞으로도 머리와 마음으로 멀리 가는 일, 다리와 팔을 휘저어 멀리 다녀오는 일을 반복해볼 참이다. 그 안에서 생각을 기르고 고를 것이다. 내 맘대로 되는 게 없는 세상에서 유일하게 내 맘대로 할 수 있는 일이 그것이니. 퇴직한 선배들이 왜 그렇게 부지런히 어딘가를 가는지, 이제야 조금은 알 것 같다.

부부싸움을 하면 드러눕고 보는 나와 달리 남편은 진지한 얼굴로 기타와 피아노를 치고 노래를 한다. 싸움 후 노래라니. 분노 게이지가 더 차오른다. 그런 날은 작은아이가 바쁘다.

"아빠, 엄마가 식사하시래요."
"엄마, 아빠가 식사 안 하신대요."
"아빠, 지금 식사 안 하시면 엄마가 다시는 밥 안 하신대요."

남편은 기타를 메고 피아노를 치고 노래를 부르며 홀로 어디론가 다녀오는 것 같다.

INTENNA

Q : 토요일 오전 시간을 보내는 나만의 가장 행복한 방법은 무엇인가요?

_____

_____

_____

_____

_____

Q : 혼자 있을 때 주로 나는 (   )을 한다.

Q : 나를 편안하게 하는 일상의 작은 일은 무엇인가요?

_____

_____

_____

_____

_____

_____

매일 기록하면
알 수 있는 것들

"엄마, 얼굴이 이상해. 코끝에 구멍이 났어. 새싹이 돋아날 것 같아."

작은아이는 잠든 내 얼굴을 만지며 걱정스러운 목소리로 말했다. 정말 새싹이라도 발견한 얼굴이다. "에이, 무슨. 그래도 엄마가 한 피부 하는데……." 시큰둥하며 일어나 밝은 곳에서 거울을 보는 순간, 허걱. 진짜 구멍이 뚫려 있다!

그런데 문제는 현무암처럼 넓어진 모공 따위가 아니었다. 얼굴에는 울긋불긋한 단풍나무 몇 그루와 다량의 버섯들이 자라고 있었다. 분명 아침저녁으로 거울을 봤는데, 언제 얼굴이 이렇게 됐지? 프리다 칼로*는 갈매기 눈썹으로 자신을 표현했는데 나는 단풍나무와 버섯으로 나의 정체성을 표현해야 하나. 셀카를 찍어 확대해보니 상태는 심각했다. 단풍, 버섯뿐 아니라 얼굴에 지진이, 지각변동이 일어나고 있었다.

깊은 한숨이 나온다. 그리고 이내 깨달았다. 나는 나의 통장 잔고만큼도 나를 자세히 쳐다본 적이 없다는 사실을. 가족, 이웃의 눈치는 살피면서 나의 감정과 호불호는 무시하고 살았다. 그러고 보니 몸에 난 상처나 고통에도 둔감한 편이다. 책상에 부딪혀 멍이 들고, 칼에 베여 피가 나도 누군가 "너 손이 왜 그래?"라고 묻기 전까지는 통증을 느끼지 못한다. 언제부턴가 나를 우선순위의 가장 밑바닥에 두었다. 낯설다는 건, 오랜 시간 외면해왔다는 것이다.

많은 예술가가 자신을 작품에 담는다. 고흐, 고갱, 렘브란트, 피카소, 앤디 워홀, 천경자, 나혜석, 김환기, 이중섭까지 국내외를 막론하고 수많은 화가가 자신의 모습을 자화상으로 남겼다. 프리다 칼로는 143점의 회화 작품 중 무려 55점이 자화상이다. 소아마비와 교통사고로 오랫동안 병원 생활을 하면서 침대 밑 거울에 비친 자신의 모습을 그리게 되었다는 사연이 있지만, 짙은 눈썹이 인상적인 그녀의 자화상은 멕시코를 대표하는 작품

◆ 멕시코 화가. 멕시코 민중 벽화의 거장 디에고 리베라와 결혼하며 유명해졌으나 교통사고로 인한 장애와 남편의 외도로 고통받았다. 이를 극복하고 삶에 대한 강한 의지를 작품으로 승화시키면서 멕시코를 대표하는 화가가 되었다.

이 되었다.

조선시대 선비 화가인 공재(恭齋) 윤두서의 자화상은 1710년도 작품이란 게 믿기지 않을 정도로 눈빛은 강렬하고, 코털과 구레나룻은 사실적이며 역동적이다. 치켜 올라간 눈썹, 붉은 눈두덩이, 한 올 한 올 뻗친 수염까지 생생하다. 유리 거울이 18세기 영조 대에 이르러서야 중국과 일본을 거쳐 조선에 들어왔다는 역사적 기록을 봤을 때 만약 청동 거울이나 연못에 비친 모습으로 이런 자화상을 그렸다면 정말로 놀라운 일이 아닐 수 없다. 영화 〈관상〉 속 송강호 배우의 자화상이 다른 인물에 비해 오래 기억에 남는 것도 바로 이 윤두서의 작품을 참고했기 때문이리라.

고(故) 김수환 추기경의 자화상 〈바보야〉를 보면 나도 모르게 그림 속 표정처럼 두 눈을 지그시 감게 된다. 왜 자화상 아래에 '바보야'라고 썼는지 묻는 사람들에게 그는 있는 그대로의 인간으로서 잘나면 얼마나 잘나고, 크면 얼마나 크며, 알면 얼마나 알겠느냐며, 안다고 나대며 대접받길 바라는 사람이 바보라고, 그리고 제일 바보같이 산 사람이 자신 같다고 말하지 않으셨는가. '너희, 그리고 우리 모두 바보'라는 말을 자신의 자화상으로 대신한 것 같다.

'니'는 내가 느끼는 세상 첫 존재이자 가장 명확한 관찰 대상자며 보호해야 할 대상 1호다. 그런데 타인이 붙여준 이름표를 주렁주렁 달고 사느라 나에 대한 관찰도, 사랑도, 연민도, 그리움도 잊었다. 과장하거나 축소하거나 덧붙이거나 왜곡해서 내가 아닌 낯선 사람으로 살아간다. 그렇게 리플리 증후군*에 지쳐갈 때쯤 비로소 산모퉁이의 외딴곳으로 숨어들어 우물에 비친 낯선 나를 마주하는 것이겠지.

그래, 이제는 나를 끌고서라도 우물가로 가야겠다.

'나, 이제 너에게 간다.'

산모퉁이를 돌아 논가 외딴 우물을 홀로 찾아가선 가만히 들여다봅니다.

우물 속에는 달이 밝고 구름이 흐르고 하늘이 펼치고 파아란 바람이 불고 가을이 있습니다.

그리고 한 사나이가 있습니다.
어쩐지 그 사나이가 미워져 돌아갑니다.

돌아가다 생각하니 그 사나이가 가엾어집니다.

◆ 허구의 세계를 진실이라 믿고 거짓된 말과 행동을 반복하는 반사회적 인격장애.

도로 가 들여다보니 사나이는 그대로 있습니다.

다시 그 사나이가 미워져 돌아갑니다.
돌아가다 생각하니 그 사나이가 그리워집니다.

우물 속에는 달이 밝고 구름이 흐르고 하늘이 펼치고 파아란
바람이 불고 가을이 있고 추억처럼 사나이가 있습니다.

〈자화상〉_윤동주

나를 저장하다

얼굴은 몸과 마음을 드러내는 거울이다. 목소리는 세상에서
나만이 낼 수 있는 소리이자 감정의 울림통이다. 그런 얼굴과 목
소리를 얼마간 기록해보기로 했다. 실제로 자화상을 그리며 나
를 관찰하고 싶었지만 별다른 특징 없이 생긴 얼굴인 데다 졸라
맨 수준의 그림 솜씨인지라 디지털 기술의 힘을 빌리기로 했다.
좋은 곳엘 가도, 기념할 만한 날에도 가족이나 주변 사람들을
찍어주느라 변변한 독사진 하나 없었는데 이참에 원 없이 나의
모습을 담아보겠다고 결심했다.

매주 월요일 아침, 거실의 책상 앞에서 4개월간 셀카를 찍고 목소리를 녹음했다. 사진 찍기를 잊은 날은 차 안이나 거리에서 찍기도 했다. 20~30장의 사진을 고속으로 돌려 보니 몇 달 만에도 머리 색은 염색이 빠져 하얘졌다가 다시 검어지고 배경에서는 제법 계절의 변화가 도드라졌다. 처음에는 내 사진을 보는 것 자체가 어쩐지 부끄러웠지만, 시간이 갈수록 표정은 자연스러워졌고 촬영 기술도 발전했다. 사실 사람이 많은 곳에서 셀카를 찍을 만큼 용감하지 못한 편인데 다소 뻔뻔하게 여러 표정을 지어보니 얼굴 근육과 주름이 조금은 펴지는 것 같다.

목소리를 녹음해봐야겠다고 생각한 건 오랜만에 방송에 나온 가수 김성호의 〈김성호의 회상〉이란 노래를 듣고 나서다. 그는 반백의 신사가 되었으나 예전과 다르지 않은 목소리로 그 시절 내가 듣던 노래를 불러주었다. 목소리의 시간은 얼굴의 시간과는 다른가 보다.

한때 나 역시 목소리 좋다는 소리를 듣기도 했는데 출산과 갱년기를 겪으며 이제는 소리가 거칠어지고 쇳소리도 난다. 발음도 정확하지 않다. 하고 싶은 말이 머리에만 머물고 한 번에 입 밖으로 나오지도 않는다.

우선 반 페이지 분량의 책이나 신문의 글을 읽으며 녹음했다. 넉 달을 꾸준히 해오니 목소리에 힘이 들어가고 발음도 또렷해졌다. 어떤 날은 라디오 디제이처럼, 어떤 날은 낭독자처럼 멋을

부려 읽으니 배에 힘이 들어가고 입에서 맴돌던 단어도 금방 중얼거리게 된다.

그럴 즈음, 옛 직장 후배가 SNS에 영어 문장을 낭독하는 짧은 동영상을 올리는 것을 발견했다. 학습 의지를 다지기 위해서일 것이다. 꾸준함이 계속되니 발음에 버터 냄새가 나기 시작한다. 후배여, 파이팅이다.

얼굴과 목소리의 변화는 '시간'이 가장 큰 변수는 아닌 것 같았다. 걱정거리가 많거나 화가 나거나 불안한 날의 얼굴과 목소리는 마음이 가볍고 즐거울 때와는 상당히 달랐다. 그날의 노동량, 피부 컨디션, 머리 모양, 편도선 상태도 영향이 있겠지만 마음가짐과 기분이 나의 외양과 태도를 결정하는 진짜 범인이라는 걸 알게 되었다. 깨끗이 씻고 약간의 화장을 하고 밝은 표정을 짓고 따뜻한 물을 마시는 등의 노력이 실제의 나를 만드는 것이었다. 이왕 시작한 김에 1년을 담아볼 생각이다. 1년에 한 번, 생일에는 증명사진을 찍으려 한다. 그리고 가장 좋은 사진을 골라 액자로 만들어놓을 생각이다. 공재 윤두서의 자화상을 보듯 오가며 봐야겠다.

얼굴과 목소리야말로 타인과 마주할 때 가장 먼저 내놓는 나의 카드가 아닌가. 조명에 깎인다는 말처럼 사진 찍기를 거듭할

수록 얼굴이 렌즈에 다듬어지는 것 같다. 초고속으로 진행되던 노화가 조금 멈춘 것도 같다. 시간이 아닌, 관심의 기록, 노력의 기록이 될 것이라 믿어본다.

현재를 만드는 건 현재의 노력이다.

나를 안아주다

얼마 전부터 아침에 일어나서 하는 일 중의 하나가 나를 어루만지는 것이다. 두 팔을 엇갈려 감아 양 어깨를 쓰다듬고 손과 발, 무릎과 팔꿈치를 주무르듯 만져주고 얼굴도 누르듯 감싸쥔다. 마지막으로 관자놀이와 머리 곳곳을 손가락으로 누른다. 뇌는 사람에게 가장 중요한 장기다. 1.3킬로그램밖에 되지 않지만, 신체 에너지의 20퍼센트를 소모할 만큼 많은 일을 한다. 기상후 마사지는 하루 종일 과로할 뇌에 간단한 자극을 주는 것이다.

사실 몸이 굳는 것 같고 손과 무릎이 아프고 얼굴 살이 내려앉는 것 같아서 시작한 일이지만, 스트레칭의 효과도 있고 무엇보다 스스로가 소중해지는 느낌이 든다.

가족들도 더러 안아준다. 처음엔 겸연쩍어하며 서로 피했지만 지금은 살아 있다는 안도감이 서로에게 체온으로 전해진다. 매일매일 서로의 가슴에 서로를 기록하는 일이기도 하고.

벚꽃이 지고 여름이 지나고 단풍이 드는데, 부모님을 찾아뵌 게 몇 달이 지났는지. 코로나19로 부모 자식 간에 얼굴도 까먹을 판이다.

마스크 단단히 쓰고 부모님과 함께 오두산 통일전망대를 찾았다. 실로 오랜만에 외출하신 부모님은 보는 것마다 새롭고, 숨 쉬는 것조차 다르게 느껴진다고 한다. 임진강 물은 발목에 찰랑거릴 정도로 얕아 보이고 몇 발자국만 뛰면 북한 땅을 밟을 수도 있을 것 같다.

그리고 여러 장 사진을 찍었다.

부모님과 함께 있는 나, 나와 함께 있는 부모님을 기록하고 저장했다. 그날의 순간과 마음 역시 함께 저장되었다.

INTENNA

Q : 한 달 동안 같은 시간, 같은 장소에서 자신의 모습과 목소리를 담아보세요. 그 속의 나는 어떤가요?

_____

_____

_____

_____

_____

Q : 미래의 나에게 꼭 보여주고 싶은 현재 가장 소중한 것은 무엇인가요?

_____

_____

_____

_____

_____

_____

2장

그리고 주위를 둘러보다

나쁘고 이상한
사람들?

집 앞의 쇼핑몰은 유동 인구가 많고 젊은이들이 자주 찾는 핫플레이스다. 그런데 얼마 전부터 매장의 들고 나는 속도가 빨라지더니 이제는 아예 텅 빈 속을 보인 채로 있는 곳이 여럿이다.

급기야 쇼핑몰 안쪽, 가장 큰 면적을 차지하던 카페도 폐업을 알렸다. 15년 동안 이곳에서 수많은 약속을 잡고 커피를 마셨는데, 도대체 어떤 매장이 들어올지, 새로운 매장은 얼마나 버틸지 궁금한 마음에 공사장 앞을 흘끔거렸다.

그런데 공사장 앞의 가림막을 본 순간, 가슴이 쿵 내려앉았다. '한 사람을 이해하는 것은 온 세상의 꽃이 한꺼번에 피어나는 것만큼이나 어려운 일이지만 그만큼 아름답다'는 문구가 반복해서 주르륵 적혀 있다. 마침 봄꽃들이 만개할 무렵이었는데,

도대체 누가 이런 멋진 말을 공사장 가림막에 붙여놓은 건가. 코로나19로 사람을 만나는 일이 위법이 된 지 벌써 두 해가 다 되어가는데. 장 보러 오가는 길목마다 새 매장이 들어설 때까지 반복해 읽으며 가슴이 울렁였다.

　사람을 대면하기도 힘든 세상에서 타인을 이해한다니. 남에게 책임을 전가하는 사람, 도움을 받고도 고마움을 모르는 사람, 힘센 사람들에게 매달려 줄타기하는 사람, 약삭빠른 사람 등 나와 같지 않은 수많은 사람, 그런 타인을 이해하며 함께 일하고 살아간다는 것이 얼마나 힘든 일인지 우리 모두 알고 있지 않은가. 세상의 모든 꽃이 각자 피는 시기를 무시하고 한꺼번에 피어나는 기적만큼이나 어려운 일임을 알지 않는가.
　생각해보니 내게도 그런 기적이 일어났던 때가 있었다.

　M은 부지런한 상사였다. 부하 직원들의 마음을 저울질하며 서로의 행동이 부끄러워질 만큼 눈앞에서 충성 경쟁을 하게 했다. 약자인 사람들을 이용해 강자를 견제했고 결국 강자가 머리를 숙이면 약자들을 버렸다. 이런 '나쁜 의도'에 사람들은 창피함도 잊은 채 맥없이 본성을 드러냈다. 나 역시 그랬던 것 같다. 타인에게 조종당하는 느낌을 받았고 그런 감정이 장시간 계속되면서 자기 혐오에 빠졌다.

그런데 누군가로부터 M의 개인사를 듣게 되었다. 그러고 나니 예측 불가능한 행동, 불안도가 높은 이유를 이해하게 되었다. 이해해보자고 결심하고 나니 얼굴을 맞대는 것이 괴로울 뿐, 누군가에게, 심지어 나에게 앞뒤 없는 행동을 해도 아무 감정 없이 받아들이게 되었다. 그렇게 독은 사라지고 주변에 꽃들이 피어나기 시작했다.

그리고 그곳을 조용히 빠져나왔다. 세상의 꽃들이 한꺼번에 피어나는 것과 같은 위대한 일은 저절로 되는 건 아니었다. 나는 무슨 상황에서도 놓고 싶지 않았던 '일의 즐거움'을 버려야 했다.

물론 큰 대가를 치르면서까지 타인을 이해해야 한다고 생각하지는 않는다. 난 그저 타인을, 혹은 나를 증오하는 대신 주변에 꽃들이 피어나는 아름다운 광경을 선택한 것뿐이다. 남을 이해하는 것은 곧 나를 놓아주는 것이니까.

"나이가 들어서 그런가요? 갈수록 사람들의 이상한 점만 보여요. L은 잘난 척이 심하고 B는 금전 거래가 깔끔하지 못하고 P는 도덕적으로 문제가 있고 D는 자기중심적이고. 왜 다 조금씩 문제가 있는 것 같죠?"

지인은 왜 자기 주변에는 이상한 사람들만 몰려 있는지 모르겠다고 했다.

나는 생각했다. '세종대왕과 이순신 장군이 과연 누구에게나

좋은 사람이었을까? 집현전 학자나 전라도 수군들도 그들 땜에 힘들지 않았을까?'

왜 주변에는 '좋은' 사람보다 '나쁘고' '이상한' 사람이 많을까? 남의 좋은 점만 보는 동화 같은 마음을 가질 수는 없지만, 사람들 모두가 몹시 마음에 들지 않는 순간이 온다면, 꼭 한번 의심해봐야 한다. 내가 가진 정보와 지식의 테두리 안에서 심각한 확증편향◆에 빠진 것은 아닌지, 특정 시점의 일부 모습을 전체로 판단하는 오류를 범하고 있는 것은 아닌지, 이해보다는 공격이 최선이라는 원칙 아닌 원칙을 맹신한 결과는 아닌지 말이다.

그러니 남을 도마 위에 올려놓고 난도질하기 전에 나부터 조용히 도마 위에 누워봐야 한다. 뒤집어 생각하면 너는 나고 나는 너니까. 이런 합리적인 의심을 게을리하지만 않는다면, 우리는 때론 나쁘고 이상하겠지만 영원히 나쁘고 이상할 리 없다.

사실, 세상에 이상한 사람들만 있다고 생각한다면 그런 이들과 어울려 사는 일이 얼마나 힘들고 괴롭겠는가. 늘 내가 참고 감당하며 산다는 어처구니없는 계산을 하게 된다. M은 나에게는 이상한 사람이었지만 누군가에게는 존경의 대상이었을지 모른다. 나는 나에 대한 연민에 빠져 그렇게 이상한 사람을 참아내고 있는 내가 불쌍하다고 생각했었다. 잘못된 계산이었다. 관

◆ 자신의 신념과 일치하는 정보는 받아들이고 신념과 일치하지 않는 정보는 무시하는 경향.

계의 문제일 뿐이었다. 좋은 관계에서는 좋은 사람이 남고 나쁜 관계에서는 나쁜 사람이 남는다. 세종대왕도 이순신 장군도 그러했을 것이다.

피하고 싶은 사람일지라도 '너'는 '우리'로 살기 위해 꼭 필요한 존재, 나를 사회화해주는 최소의 타자다. 사회에 머물기 위해 꼭 필요한 존재들이다. 이제껏 회피나 냉소의 힘으로 버텨냈다면 앞으로는 앉아 있던 의자를 박차고 일어나 좀 더 적극적으로 그들을 알아가고 이해해야 하지 않을까?

예를 들면 이런 거다. '그는 꽤 잘생긴 편이다'라는 표현보다 '그의 콧날은 이등변삼각형을 반으로 접어놓은 듯하다'라는 문장이, '그녀는 몹시 친절하다'는 표현보다 '그녀는 내가 다른 곳을 쳐다보는 동안 조금씩 반찬을 내 앞으로 밀어주었다'라는 문장이 더 따뜻하게 느껴지지 않는가.

무엇을 명확하게 단언한 문장은 작가가 의도한 시선이나 감정을 따라가야 하는 불편함이 있다. 주관적인 동시에 강압적이어서 상상력을 떨어뜨린다. 그러나 묘사나 서술은 상황을 좀 더 객관적이고 입체적으로 바라볼 수 있게 한다.

타인을 이해한다는 건 마주 앉아서가 아니라 그의 주변을 돌며 앞에서 뒤에서 옆에서 위에서 바라보는 것이다. 그렇게 입체적으로 본 다음에 '친절하다'고, '냉정하다'고, '비열하다'고 말해도 늦지 않다. 성급하게 '좋아요'나 '싫어요'를 누르지는 말자. 기대와 실망을 타인에게 씌우지 말자. 그것은 내 몫이다.

나부터 보여주기

처음 만나는 사람이 있으면 나이, 이력 등 신상정보를 두서없이 오픈하는 편이다. 서로에 대해 파악하는 시간을 줄이기 위해서이기도 하고 오해나 실례를 하지 않기 위함이기도 하고 나를 좀 더 이해해달라는 요청이기도 하다.

베일에 싸인 사람, 남의 사정만 궁금하고 자신은 크렘린궁에 들어가 있는 사람과는 관계의 발전·반전이 불가능하다. 나는 이런 사람이라고, 이런 생각을 하고 있다고, 이런 무늬를 가지고 있다고 먼저 말해주는 게 좋겠다. 그래야 상대도 가벼운 마음으로 시소 위에 올라앉지 않을까? 나를 어렵게 만들면 결국 내가 어려워지는 법이니까.

역지사지는 무기가 아니다

《대학(大學)》에 "윗사람에게서 싫어하던 것으로 아랫사람을 부리지 말고 아랫사람에게서 싫었던 것으로 윗사람을 섬기지 마라"라는 말이 있다.

어려웠던 상황에서 빠져나오면 지금 그 상황에 있는 사람을 쉽게 이해할 것 같지만, 얼토당토않게 과거의 비극을 상대를 괴롭히는 노하우로 활용하는 이들이 있다. '역지사지'를 타인에 대한 이해가 아닌, 상대를 괴롭히는 무기로 쓰면 온통 패배자들만 남는다.

카페가 떠난 자리에는 헤어숍이 들어왔고 할인 이벤트를 한다는 포스터가 붙었다. 저런 아름다운 문구를 붙여놓은 곳이라면 나를 꽃처럼 아름답게 만들어줄 것이라는 기대를 품고 가게에 들어섰다. 그 큰 매장에 손님이라곤 단 한 명. 반가운 얼굴로 맞이하는 헤어 디자이너들의 인건비, 월세를 생각하니 더럭 걱정이 앞선다. 어쨌든 간단하게 머리를 잘랐고 기대와 달리 나는 꽃이 되지는 못했다.

아, 꽃으로 만들어줄 수는 없으니 이해해달라는 뜻이었나? 그러면 비로소 꽃이 한꺼번에 피어날 거라는 말이었나? 이런, 늘 주변만 꽃이다.

INTENNA

Q : 일하면서 만난 사람 중 가장 기억에 남는 사람은 누구인가요?

_____

_____

_____

Q : 지금까지 만난 가장 '나쁜' 사람을 '진심'을 담아 소개해주세요. 그 사람은 왜 그랬을까요?

_____

_____

_____

Q : 난 (   ), (   ), (   )에게만큼은 분명 좋은 사람이다. 그리고 그들에게 조용히 한번 물어볼까요?

_____

_____

_____

_____

"부부는 그냥
남이라고, 남!"

　빌 게이츠의 이혼 소식이 전해졌다. '더 이상 서로에게 배울
것이 없다'라는 이유였다. 이에 사람들은 '서로 배울 게 없다는
이유라면 결혼조차 하지 못했을 것'이라며 자조적인 반응이었
다. 아니나 다를까 '부부로서 함께 성장할 수 있다고 더는 생각
하지 않는다'라는 형이상학적인 이유 이외에도 다른 정황이 쏟
아졌다. 변호사가 된 회사 후배는 "배울 게 없다니요? 이게 무슨
말인가요? 집이 학원인가요?"라며 웃었다. 이혼 변론을 더러 맡
아봤지만 이런 이유는 처음 본다고 했다.
　27년간 자녀 셋을 낳아 키우며 세계 최고의 회사를 일궈낸
부부도 이혼을 하는구나. 그보다 2년 앞서 아마존의 설립자, 제
프 베조스도 이혼을 알렸다. '25년간 함께한 사랑의 탐험을 끝

내고 이혼하기로 했다'라는 묘한 멘트와 함께. 부부를 넘어 가장 가까운 동료였을 텐데. 그들은 결국 부부라는 이유로 헤어졌다.

무라카미 하루키의 말처럼 결혼 생활은 좋을 때는 아주 좋은 것 같다.♦ 하지만 일단 나쁜 상황이 되면 모든 일의 원인이 결혼, 배우자가 된다. '난 원래 이렇게 살 사람이 아닌데 당신이랑 결혼해서 이 모양 이 꼴이 되었다'가 많은 부부의 단골 멘트 아니던가. '싸우려고 결혼하고 걱정하려고 자식 낳는다'라는 말처럼 수십 년간 싸우고 화해했는데도 또 싸울거리가 생기는 것이 매번 신기하다.

영화 〈미스터 & 미세스 스미스〉에서 부부로 나오는 브래드 피트와 앤젤리나 졸리가 살벌하게 싸우는 장면에서는(상대가 스파이라는 사실을 알고 벌이는 격투 신이 압권이다) 관객들의 마음속 액션도 영화 못지않을 거란 생각이 들었다. 새삼 부부들의 대리 만족이 되어준 고마운 영화다. 배우들은 이후 현실 부부가 되어 영화보다 더 살벌하게 법정 싸움을 이어가고 있다. 사는 건 참 요지경이다.

싸움에도 지쳐가고 어느 정도 합을 맞춰갈 즈음 부부에게는

♦《무라카미 하루키 잡문집》, 무라카미 하루키 지음, 이영미 옮김, 비채, 2011.

은퇴와 갱년기가 찾아든다. 우리는 여성인 아내를, 남성인 남편을 서로 소비하며 살아왔다. 그런데 호르몬이 뒤죽박죽되고 여기저기 통증이 시작되면서 그렇게 소비되며 살아온 지난 시간은 억울하고 앞으로의 시간은 불안해진다. 게다가 남편과 아내는 온종일 같은 공간에서 시간을 보내야 한다. 퇴직한 사람도 육아와 입시 뒷바라지를 끝낸 사람도 쉬고 싶고 인정받고 싶은데, 같은 시간과 공간에서 자꾸만 부딪힌다. 하지만 참고 양보하고 기다릴 인내심은 이미 남아 있지 않다.

"남편과 너무 많은 대화를 나누려고 하지 마. 합의점이 잘 맞는 부부는 좋지만 그렇지 않으면 다툼의 원인이 되니까. 오십이 넘어 부부 사이가 나빠지는 건 불륜이나 도박 같은 문제가 아니야. 매일 보고 말해야 하는데 그동안 각자의 돈벌이나 역할에 집중하느라 미처 알아채지 못했던 상대의 못마땅한 모습을 대면하는 순간이지. 각자의 친구들과 각자의 시간을 즐기는 것도 나쁘지 않아. 나는 세상에서 가장 어려운 대화 상대가 배우자라고 생각해."

이제 막 퇴직해 지인들과 여행을 다니는 회사 선배는 회사를 그만뒀다고 갑작스레 배우자와 대화를 시도하는 건 군불도 때지 않고 곰국 끓이려는 속셈이라고 했다. 들어보니 그럴 듯도 하다. 30년을 넘게 살았어도 24시간을 함께하는 건 또 다른 문제니까. 서로 자기 입장만 강변하는 부부의 경우 대화의 목적이 있고 종착지가 있는 상사나 거래처보다 설득하기 힘들고 이해받기 힘들지 모른다.

"애 키우느라 나 혼자 동동거릴 때, 자기는 하고 싶은 거 다 하고 살았으면서 요즘은 운동하러 다닌다고 아주 정신이 없어. 뒤통수만 봐도 화가 나." 지인 L이 말했다.

"난 한참 미웠는데 요즘은 기운도 없어 보이고, 밥 먹는 거 보고 있으면 좀 안됐다는 생각이 들더라. 짠해." 다른 지인 K가 말했다.

누군가 이 대화를 옆에서 듣는다면 우리의 남편들은 매우 시답잖고 나쁜 사람이겠지만 '그 남자가 그 남자고, 그 여자가 그 여자'라는 공식처럼 아주 평범하고, 평균적인 남편들이고 나의 지인들 역시 아주 평범한 대한민국의 아내들, '미세스 스미스'다. 어디선가 우리의 남편들도 '미스터 스미스'가 되어 화풀이하고 있을 것이고 그냥 그것이 전부인, 영화처럼 상대에게 총을 쏘거나 고도의 액션을 날리는 일 따위는 하지 못할 보통의 사람들이다.

그저 갱년기가 되었고 젊을 때 고생한 기억이 소꼬리 국물 우러나듯 생각날 뿐이다. 지금의 푸념은 그동안 참아왔던 무언가에 대한 분출이지, 진짜로 총을 쏘겠다는 뜻은 아니니 살면서 부부의 신의와 도리를 제대로 지키지 못한 배우자들이 있다면 지금이야말로 용서를 구할 석기임을 알리는 바다.

왜 사회에서의 거래에서는 꼬박꼬박 플러스, 마이너스를 따지면서 배우자의 배려와 희생에는 감사하지 않는지. 배우자에게 유독 야박하고 이기적인 것이 '다들 그러고 사는 것'이라고 생각하는 이들에게 지금 배우자와의 불협화음은 더 나은 관계를 위한 절호의 기회라는 걸 알려주고 싶다. 그 사실을 깨닫지 못한다면 진짜 전쟁을 치러야 할지도 모른다.

통계청의 조사 결과를 보면 2020년 전체 이혼 건수에서 결혼 기간이 30년 이상 된 부부의 이혼이 20.6퍼센트로 4년 이하 부부의 이혼 비율(17.6퍼센트)을 처음으로 앞질렀다. 일본은 우리나라보다 앞서 이런 현상을 겪고 있다. 황혼 이혼을 한 일본 중년 부부들을 대상으로 연구한 결과도 눈에 띈다. 이혼 당시에는 남편과 아내 모두 정신 건강이 악화되지만, 3년 뒤에 여성은 정신 건강이 좋아지는 반면, 남성은 나빠진 상태 그대로이거나 더 악화된다고 한다. 그리고 여성들은 경제적인 문제로 고통받고 남성은 건강이나 생활 관리에 문제를 겪는다. 황혼 이혼은 아내나 남편 모두 이득 될 게 없다는 것이다.

"우리 집 여사님께서는 요즘 저한테 뭐가 그렇게 불만이 많은지 모르겠어요. 연애 시절 따뜻했던 모습은 어디 가고 아주 저를 잡아먹을 기세라니까요." 후배 K가 말했다.

"에이, 당신이 뭐 잘못한 게 있겠지. 기억을 잘 더듬어봐. 우리

나이에 이렇게 배우자에게 불만을 토로하는 건 진짜 잡아먹겠다는 뜻이 아니라 앞으로 잘 지내보자는 신호라잖아. 지금 몸과 마음이 아프니 도와달라는 신호. 남은 시간을 너와 잘 보내고 싶으니 털고 갈 것은 털고 가자는 신호."

"그래도 그렇지, 술 마시고 들어가면 무슨 신혼 초에 있었던 일까지 꺼내면서 아예 아는 척도 안 해요. 너무한 거 아네요?"

갱년기의 부부싸움은 어처구니없는 일로 시작되어 '날 무시하는 거냐'로 번지고 '처음부터 날 사랑하지 않았다'로 확대되고 시집살이, 처가살이, 자식 문제, 의사결정 방법, 재산 형성 갈등까지 한꺼번에 대폭발하는 것이 일반적인 공식 아닌가.

남편과도 '불 끄기'로 시작해 '사랑하지 않는다'로 번져 '내가 그동안 더 힘들게 살았다'로 정점을 찍을 때쯤이었다. 동네 지인이 우리 부부를 불러 맥주 한잔을 사주며, 지금 싸우지 않으면 더 늦어 남남처럼 사니 더 열심히 싸우라고 한다. 얼마 전 우리 부부가 화해시킨 바로 그 부부다.

"배우자의 모습은 거울에 비친 내 모습이라잖아요. 사람은 자신보다 더 나은 상대를 선택하기 어렵대요. 내가 수준을 높여야 상대의 수준도 높아지는 거라네요"라는 말로 방점을 찍어주었다.

스무 해를 넘게 같이 산 배우자가 때론 낯설게 느껴진다. 코로나19로 많은 시간을 함께 보내니 배우자에 대해 아는 것보다 모르는 게 더 많았다는 사실에 적잖이 놀랐다. 지금 배우자의 변화, 신호들을 눈여겨 살펴보려 한다. 수많은 타인 사이, 나와 가장 가까운 곳에 서 있는, 내 편인 듯, 남 편인 듯한 그가 보내는 신호를 알아차리지 못해 후회하는 일은 없어야겠다.

"자아와 타자의 중간쯤은 무슨...... 부부는 그냥 남이라고, 남!" 친구 P는 냉정하게 일침을 가한다.

"남인데, 자꾸 그런 부담을 주니까 싸움이 생긴다고. 그냥 남이야, 남처럼 대하라고, 남!"

분리와 독립

"부부만큼 공간, 시간, 감정의 적당한 거리가 필요한 관계도 없지. 각자만의 공간에서 시간을 보내면 감정에도 거리가 생겨서 좋아. 난 도서관 가서 책 읽다 오고 남편은 운동하고 오고. 저녁때 잠깐 같이 산책하는 정도지. 나만의 아지트가 절대적으로 필요한 나이야. 공간 분리부터 해." 일흔을 바라보는 동네 어르신은 부부 간 적당한 거리두기, 공간 분리가 매우 중요하다고 했다. 그래, 독립은 분리에서 시작하는 것이었지.

바통 터치

"어느 날부터 남편이 갑자기 아이들한테 관심을 가지더니 그렇게 간섭을 하더라고. 옆에서 보고 있자니 웃겨서." 선배 H는 갑자기 아이들에게 집중하는 남편을 보면서 화가 치밀어 오른다고 말했다. 맞벌이하며 살림에 육아에 혼자 애쓰고 살았는데 이제 와 살갑게 대하려는 모습이 반갑기보다는 공짜로 숟가락을 얹으려는 심보처럼 느껴진다고.

"아이들 사진 꺼내놓고 쭉 얘기해줬지. 이때는 무슨 일 때문에 애가 힘들어했는지, 이 친구는 어떤 친구인지, 지금 아이들한테는 뭐가 필요한지." 선배는 이제 자녀에 관한 일은 남편이 맡는 것으로, 바통 터치했다고 했다. "그래야 남편도 아이들에게 큰소리칠 수 있는 거잖아. 권리와 의무는 한 세트라는 걸 이제야 좀 이해한 얼굴이야."

나의 성격을 빼닮은 큰아이, 남편의 성격을 닮은 작은아이가 남편 같은 성격의 배우자, 나 같은 성격의 배우자를 만난다면 우리의 전쟁과 평화의 서사가 기출문제가 되지는 않으려나? 아니지. 남이 푸는 걸 보는 건 아무 소용이 없지.

딱 엄마, 아빠만큼 풀어가면 좋겠다고 생각할지, 절대 엄마, 아빠처럼은 풀어가지 않겠다고 결심할지, 지금은 잘 모르겠다.

INTENNA

Q : 나와 배우자의 가장 비슷한 점은 무엇인가요? 또 가장 다른 점은 무엇인가요?

_____

_____

_____

_____

Q : 배우자와 인생을 바꾼다면 어떨까요?

_____

_____

_____

_____

Q : 나 혼자 시간을 보내며 쉴 수 있는, 나만의 공간이 있나요?

_____

_____

_____

환경 운동가도
사회복지사도 아니지만

아프가니스탄이 탈레반에 의해 장악되었다는 소식과 함께 여성들이 길거리에서 죽임을 당하고 민간인들이 처형되는 장면이 동영상으로 돌아다녔다. 그리고 얼마 지나지 않아 러시아가 우크라이나를 침공한다는 소식이 전해졌다. 21세기에 전쟁이라니. 믿을 수 없었지만 정말로 러시아는 총과 미사일을 쏘고, 전투기로 폭탄을 투하하고, 엄청난 수의 탱크를 줄 세워 우크라이나로 밀고 들어갔다. 민간인, 군인 할 것 없이 수많은 사람들이 죽고, 난민이 되었다. 믿을 수 없는 광경이 연일 신문을 장식했다. 사람의 생명보다 앞서는 이념이나 종교, 국가적 이해관계가 무슨 의미가 있을까 싶은데, 아직 세계 곳곳에서는 어처구니없는 이유로 사람들이 죽는다. 생명의 위협을 느끼지 않아도 되는, 안전한 나라에 사는 나는 지금에 감사하며 가슴을 또 쓸어 내린다.

그런데 안도의 마음도 잠깐, 낯선 장면을 목격하게 된다. 코로나19로 노포들은 폐업하는데 비싼 명품을 사기 위해 몇 시간 동안 줄을 서 기다리고 백화점 개점과 동시에 매장으로 달려가는 사람들을 보면서 '이건 할인 매장에서나 볼 수 있는 광경인데' 하며 의아하다는 생각이 들었다. 나중에 '명품은 오늘이 가장 싸다'라는 공식을 알게 되었지만 수시로 값을 올리는 브랜드나 그것을 사기 위해 오픈런하는 것이나 신기하기는 마찬가지.

차, 호텔 숙박권, 해외 여행권 등 홈쇼핑, 라이브 커머스 방송에서는 팔지 않는 것이 없다. 미래 기술이라는 것도 실은 차 떼고 포 떼고 나면 온통 물건 사고 투자하라는 메시지다. 매일 울려대는 카톡과 문자는 혜택을 줄 테니 지금 빨리 물건을 사라고 강요하는 독촉장이다. 마케팅은 늘 생각의 한계를 뛰어넘는다.

채널을 돌리니 자영업자들이 줄도산하고 특히 교육, 음식, 숙박 등 서비스업과 돌봄 영역에 종사하는 엄마들이 일자리를 잃었다는 뉴스가 나온다. 외환위기와 금융위기 시절 금융업, 제조업에 종사하던 아빠들이 일자리를 잃자 생계를 위해 엄마들이 사회로 나서며 생겨난 일자리가 코로나19로 인해 사라지고 있다는 것이다.

문득 20년 전에 모았던 문구가 생각났다.

'피 팝니다.'

외환위기였던 1990년대 후반, 서울역 화장실에는 실제로 '피 팝니다'란 문구가 붙어 있었다. 일자리를 잃은 부모들이 피도 팔고 장기도 팔았다는 흉흉한 소문이 돌았다.

요즘의 아이들은 '설마'라며 역사책 보듯 하지만, 외환위기, 금융위기 때는 하루아침에 거리에 나앉는 사람이 부지기수였다. 우리 사회는 그런 과거를 외면하고 싶을지 모른다. 아픔을 극복하는 것은 잊는 것이니까. 하지만 그런 환경을 극복하고 자란 지금의 40~50대들은 다시 한 평짜리 고시원에서 꿈 없는 삶을 살아가는 청년을 보며 한숨을 내쉰다. 세상은 하나도 나아진 것이 없는 것 같다.

사회의 한곳에서는 명품 매출이 하늘 높이 치솟고, 반대편에서는 줄도산을 하고, 지구 어디에선가는 여성이라는 이유로 사람이 죽임을 당하고, 죄 없는 아이들이 팔려 가고, 전쟁으로 수많은 사람들이 죽는다.

세계는, 나라는, 사회는, 마을은, 우리 조직은 늘 기울어져 있는 것 같다. 늘 불평등하고 부패하고 부조리가 있고 피해자가 있고 가해자가 존재한다. 뭔가 우글우글, 내장도 마음도 시끄러워진다.

노벨 물리학상 수상자이자 20세기 최고의 물리학자로 불리는 리처드 파인만은 "다음 세대에 물려줄 절대 지식이 있다면 그것은 무엇일까?"라는 유명한 질문을 남겼다. 파인만 자신은 '세상의 모든 물질이 원자로 돼 있다'라는 '원자론'을 꼽았다.

이에 대한 학자들의 대답은 저마다 달랐다. 노명우 아주대 사회학과 교수는 책《단 하나의 이론》*에서 오스트랄로피테쿠스부터 호모사피엔스까지 인류가 상호의존적으로 살아오며 진화해온 것을 세상에 남길 단 하나의 이론으로 꼽았다. 그는 3만 2000년 전 프랑스 쇼베 동굴에 인류가 남긴 벽화〈들소를 쫓는 사자〉를 예로 들며 캄캄한 동굴에서 벽화를 그리기 위해서는 누군가가 등불로 벽을 밝혀주었을 것이고 누군가는 동굴 벽을 평평하게 긁어주었을 것이라며 오래전부터 인간은 서로 연결되어 협력하면서 진화해왔다고 말한다.

그런데 아이러니하게도 그렇게 유기체처럼 연결되어 있기 때문에 인간은 지금 병마에 시달리고 죽음을 맞이하고 있다. '우리'여서 겪는 이 고통이 '우리'이기 때문에 극복될 날이 언젠가는 분명 오겠지? 인간은 그렇게 거듭 살아남았으니까 말이다. 우리는 혼자가 아니었기에 강했고 성숙한 존재로 남을 수 있었으니 바이러스로 흩어진 개인이 각자 나름의 방도를 찾아내 다시 적극적으로 연결되어 살게 될 것이다. 언젠가는 불평등, 부조리,

◆《단 하나의 이론》, 노명우 외 지음, 알에이치코리아, 2021.

부패마저 극복해낼 것이라 믿는다.

"환경 운동가 나셨어요."

배달 음식이건 마트 식재료건 풀어헤치고 나면 버려야 할 일회용품이 한가득이다. 쓰레기 유발자라는 막연한 죄책감 때문에 배달 음식이 싫다고 했더니 남편과 아들은 왜 그렇게 유난스럽냐고 한 마디씩 한다. 몇 차례 같은 상황이 반복되면서부터는 비아냥이 되었다.

"너, 아동 인권 변호사 같아."

아이를 학대해서 죽음에까지 이르게 한 부모, 아이들을 물건 마냥 팔아치우는 나라의 상황에 거품을 물었더니 친구도 한마디 한다.

"사회복지사 같으세요."

여성 차별, 노인 학대를 걱정하는 말에 동네 지인 역시 그랬다.

가족, 회사, 친척, 친구 등 피를 나누거나 얼굴을 보고 음식을 나눠 먹는 존재들을 제외하고는 쉽게 '우리'라는 단어를 쓰지 않았는데 어느 때부터인가 학대받는 아동, 노인, 고시원에 사는 청년, 얼굴도 본 적 없는 먼 나라의 여성을 보며 '우리'라는 단어를 사용한다. 눈 한 번 마주친 적도, 말 한마디 나눈 적도, 밥 한 끼 같이 한 적도 없으면서 말이다.

그런데, 그래 봤자, 다 말뿐이다. 말로는 뭘 못하겠는가. 나는 환경 운동가도, 인권 변호사도, 사회복지사도 아니다. 그냥 TV 앞에 앉아, 책상에 앉아 입으로만 그런 척하는 존재일 뿐이다.

내가 할 일은 없을까. 내 자식 키우면서 따뜻한 밥이나 먹으면서 지내기만 해도 되는 건가 하는 생각이 들다가도 정치인, 행정가, 기업인들도 풀지 못한 일을 내가 뭐라고 할 수 있겠나 싶다. 고작 구급차를 보면 길을 비켜주고 쓰레기를 버릴 때는 내용물을 헹구고 라벨을 뗄 뿐이다. 드라마보다 더 드라마 같은 범죄 소식을 보면서 착한 우리가 나쁜 우리를 훈계해서 그 중간까지 끌고 오는 방법은 없을까 하는, 답 없는 고민을 한다.

그럼에도 한편으로는 카페에서 새로 산 신형 노트북을 테이블 위에 두고 화장실에 다녀와도 아무도 가져가지 않는 나라는 한국밖에 없다는 사실, 지하철에서 쓰러진 남자를 심폐소생술로 살려낸 간호사의 이야기, 불구덩이로 뛰어들어 자신의 목숨을 버리고 사람을 구한 소방관의 이야기를 들으면 우리는 '이미' 충분히 훌륭하다는 생각이 들기도 하고, 머리가, 마음이 복잡하다.

어린 시절 심장병으로 세 번의 수술을 하면서도 커서 '사람 살리는 사람'이 되고 싶다는 꿈을 이룬 외과 의사 신승건 씨가 쓴 책《살고 싶어서, 더 살리고 싶었다》에는 아버지의 이런 당부가 나온다. 의사, 판사, 검사 등 세상 사람들이 선망하는 직업의 공통점은 바로 누군가의 고통이 그 존재 이유라는 것, 그러므로

의사가 되어서도 그 사실을 절대로 잊지 말라는 것이다.

신승건 씨는 코로나19와 싸우는 보건소 의사가 되었고 선천성 심장병을 앓는 아이들과 함께 태백산 정상에 오르기도 한다. 모두가 성적 1등급을 위해, 자식의 시간과 고통을 함께 짊어지고 달려가는 와중에 그의 부모님이 던진 질문과 답은 놀라웠다. 그래, 어쩌면 살아볼 만한 사회를 만들 수 있는 사람은 정치인, 관료, 경제인들이 아닌 바로 이 세상의 부모들 아닐까?

이 사회는 우리 자신이 그러한 것처럼 어딘가에 야만성과 폭력성을 잔뜩 숨기고 있다. 그곳에는 우리가 죽여서 버린 동물 사체, 돌보지 않아 썩어버린 식물, 꽁꽁 얼어붙은 바다처럼 냉랭한 우리들의 마음이 있다. 프란츠 카프카가 그러지 않았는가. 우리가 읽는 책이 머리를 주먹으로 한 대 쳐서 잠에서 깨어나게 하지 않는다면 도대체 왜 우리가 책을 읽어야 하는 거냐고. 책이란 우리 안에 있는 꽁꽁 얼어버린 바다를 깨뜨려버리는 도끼가 되어야 하는 거라고.♦

우리 사회에도 이런 도끼가 필요하지 않겠는가. 구멍이 뚫리고 균열이 나서 우리 안의 모순, 불평등, 부패가 보일 수 있게. 눈에 보여야 덜어낼 것은 덜어내고, 꿰맬 곳은 꿰맬 수 있으니. 그

♦ 유대계 독일 작가인 프란츠 카프카는 소설에서 현대사회 속 인간의 존재와 소외, 허무를 다루었다. 인용한 문장은 1904년 카프카가 친구에게 보낸 편지의 한 구절이다.

러니 불편함이 불편함으로 끝나지 않기 위해서 누군가는 도끼가 되어야 한다. 누군가의 자식이고 또 누군가의 부모인 우리가, 의사 신승건 씨의 아버지처럼 본질에서 멀어져가는 우리를 다시 가운데로 데려가는 도끼가 되면 좋겠다.

"아들아, 엄마는 환경 운동가도 아니고 유난을 떠는 것도 아닌, 그냥 도끼가 되고 싶은 거야. 항상 날을 벼려두어 언젠가 얼음을 깰 수 있는 도끼 말이지."

잊지 않는 것이 먼저

오랜만에 연락이 닿은 후배 H는 사회에서 소외되고 약한 자들의 인권 회복에 적극 참여하고 있었다. H가 올리는 SNS 소식을 처음 접했을 때는 그 생생함에 순간 당황했다. 한때 모두가 관심을 가졌지만 잊힌, 하지만 여전히 곪은 채로 방치된 것들이다. 조용하고 나지막한 목소리를 가진 후배는 부지런히 도시와 농촌을 오가고 있었다. 후배가 올리는 소식을 유심히 본다. 도끼가 되는 첫 번째는 '잊지 않는 것'일 테다.

할 수 있는 것, 가까운 것부터

지인 P는 동네 도서관에서 일주일에 두세 번 봉사 활동을 한다. 책 정리를 하며 신간 소식도 알 수 있고 보고 싶던 책도 볼 수 있어 일석이조라고 했다. 지역 사회봉사를 하니 내가 사는 지역의 사정을 더 잘 알게 돼서 다양한 행사에도 참여하고 여러 혜택까지 누릴 수 있다고 한다. 독거노인 반찬 봉사를 한 후로는 부모님께 자주 전화하게 되었다고 했다.

세계, 국가, 사회가 아닌, 우리 마을부터, 지역 사회부터 눈여겨보는 게 맞겠다.

드라마 〈빈센조〉의 주인공 빈센조는 이탈리아 마피아 출신 변호사다. 빈센조는 문제를 법으로 해결하지 않는다. 직접 나서서 악당을 처치한다. 더 나쁜 놈을 처치하는 덜 나쁜 놈이라니. 빈센조는 승리, 정복의 의미를 담은 자신의 이름처럼 늘 승리한다.

그렇다고 시간과 의지가 부족한 사회를 대신해 우리 모두가 빈센조나 홍길동, 임꺽정, 장길산, 전우치, 일지매, 로빈 후드가 될 수는 없다. 우리도 밥 벌어 먹고살아야 하고, 무엇보다 우리가 도둑이 될지 '협도(俠盜)'◆가 될지 그 누가 알겠는가.

결정적으로 우리는 빈센조처럼 액션도 안되고, 변호사도 아니고, 아름답지도 않다. 그러니 그저 도끼라도 되는 수밖에.

◆ 도둑이기는 하나 의로운 행동을 하는 자를 뜻하는 말.

INTENNA

Q : 세상의 멸망이 찾아와도 세상에 남기고 싶은 단 하나의 가치
가 있다면 무엇인가요?

_____

_____

_____

_____

Q : 여성, 아동, 혐오, 환경, 지역감정, 정치, 경제 등 수많은 사회
문제 중 무엇이 가장 큰 문제라고 생각하나요?

_____

_____

_____

Q : 지역 사회 활동에 꼭 참여하고 싶은 분야가 있다면 무엇인가요?

_____

_____

_____

3장

나로 서기,
그 준비운동

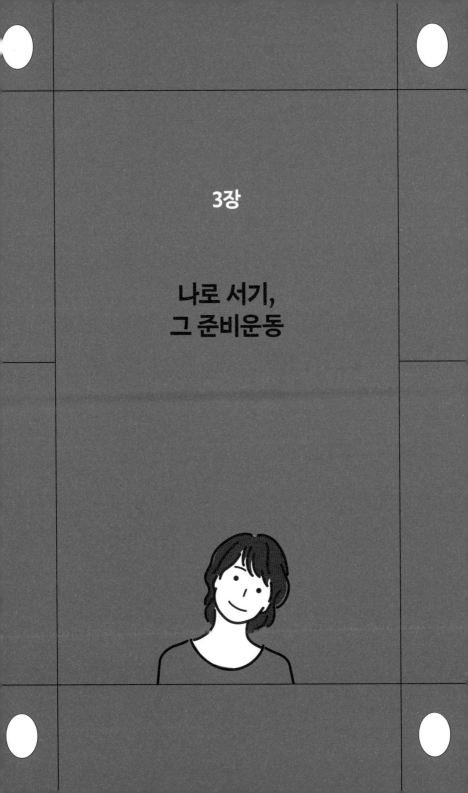

자기 연민을
벗어라

"네? 뭐라구요?"

"'섬유형성이상'이라고 하는데 안면 마비 증상이 있으면 문제가 되지만 그렇진 않네요. 부비동염 수술하면서 제거하시면 될 것 같습니다. 급한 건 아니고요."

두 달째 코맹맹이 목소리가 계속되었다. 약을 먹어도 호전되지 않아 병원에 가니, 의사 선생님은 밝은 얼굴로 복잡한 진단명을 꺼내놓는다.

가슴이 내려앉는다. 큰 병 없이 성인이 되었고 몸의 이상에 무감한 데다 병을 두려워하지 않는 편이었는데 수년 전 큰 수술을 한 이후에는 병원 가는 일도 무섭고 이상한 병명을 들으면 숨부터 막힌다.

크게 염려할 일이 아닌 줄 알면서도 가슴이 두근거리다가 이내 우울해진다. 왜 자꾸 몸에 이상한 게 생기는 걸까? 몸을 귀하게 여기지 않아서일까? 불쌍하고 억울한 감정이 치밀어 오른다. 나이가 들면 아플 수도 있고 고칠 수 있는 병이라면 감사해야 하거늘. 자꾸, 자기 연민이 커진다.

동동거리며 살았다. 회사에서는 일을 만들어서 하는 편이었고 퇴근 후에는 낮 동안의 부재를 메우려고 늘 수고스러웠다. 높이 올라가고 싶은 욕망, 좋은 엄마가 되어야 한다는 강박이 동시에 나를 가득 메웠다. 보고서 두세 개를 올려놓고 일하는 건 기본이고, 자료를 검색하며 회의를 준비했고, 전화를 하며 결재를 했다. 후배들과 면담하며 아이 선생님의 전화를 받았고, 집에서는 동화책을 읽어주다 말고 못다 쓴 보고서를 마무리했다. 퇴근길에는 늘 집 엘리베이터 1층에서부터 옷 갈아입을 준비를 했다. 친구들을 만날 생각은 꿈에도 할 수 없었다.

그렇게 사는 데 길들어져 동시에 여러 가지 일을 하지 않으면 불안하다. 요즘도 설거지하며 전화를 하고 요리하며 휴대폰으로 물건을 주문한다. "야, 너 듣고 있니? 뭔 달그락거리는 소리가 그렇게 들려?"라며 상대는 통화에 집중하지 못하는 나를 바로 알아차린다.

두 가지 이상의 일을 동시에 하는 건 어느 것에도 온전히 집중하지 못하는 것이란 걸 알면서도 쉬이 고쳐지지 않는다. 아무리 선택이었다 해도 회사를 나오며 서열 경쟁에서 밀렸다는 패배감이 들었다. 회사 다닐 때만큼 바쁘게 살아야 뭔가 잘 사는 것 같은 부채 의식에 시달렸다. 몸을 못살게 굴어서 어디 한군데가 고장 나면 그제야 잘 산 것 같은 이상한 계산법에서 벗어나지 못했다.

그러다 어느 순간, 그런 나를 공치사한다.

"내가 얼마나 힘들게 산 줄 알아? 지금도 얼마나 열심히 사는데……."

내가 나의 삶을 살고 있는데도 타인의 삶을 대가 없이 살아주고 있다는 식이다.

"그래 알아. 대단해."

이런 소리를 들을 때까지 떼를 쓴다. 나는 이렇게 열심히, 성실하게, 착하고 반듯하게 살았는데 세상이 알아주지 않으니 나라도, 너라도 나를 인정해달라고 애원한다. 누가 억지로 개 줄에 묶어둔 것처럼 억울한 표정이다. 순간순간 보람차고 재밌고 신났던 기억은 어딘가에 버려버린 모양이다. 무탈하게 살아온 인생임에도 극적 효과를 덧붙여 미화하거나 저평가된 서사는 정작 힘들게 살아온 이들의 것을 앞지른다.

나는 과거의 어떤 순간과 끊임없이 싸우고 있는 것 같다. 뜨겁게, 의욕적으로 살았던 그 시절을 잊지 못하고 노력한 만큼 돌려받지 못했다는 계산에 그 시절의 땀방울에 생색을 내고 싶은 것이다. 아니, 이제 '끝나버렸다'라는 생각이 자꾸 나를 과거로 보내는 것일지도 모르겠다.

"사는 건 시즌 드라마지. 멜로로 시작해서 스릴러, 호러 찍고 결국 코미디로 결론 나기도 하고, 미스터리로 시작해서 느와르 찍고 멜로로 막을 내리기도 하고. 오십 넘게 살았는데 사연 없고 서사 없으면 그게 이상한 거지."

철원의 학저수지를 걸으며, 친구 P가 말했다. 한낮의 무더위가 물러가고 선선한 바람이 불어올 때였다. 금학산 아래 호수처럼 펼쳐진 저수지의 생태 탐방로를, 앞 사람의 그림자를 밟으며 줄지어 걸었다. 30여 년 동안 서로 살아온 세월을 꿰뚫고 있는 친구들은 감사할 것 없는 과거도, 다행일 것 없는 현재도 감사와 다행한 마음을 품고 살자며, 감사를 모르는 삶은 불행이라고 입을 모았다.

그래, 세상에 고생하지 않은 중년이 어디 있겠는가. 모두가 힘겹게 풀숲을 헤치고 강을 건너온 것 아니겠는가. 자신 말고는 그 어려웠던 시간을 다 이해할 수 없을 테지만 '나만큼'을 운운하는 건 영원히 피해자로 남아 울고 있겠다는 심산이다. 현재와 미래에 집중할 시간에 과거에만 머물러 있는 나약하고 무기력한 선택일 뿐이다. 과거를 짊어진 채 부동자세로 서 있으면 그 무게 때문에 아무것도 할 수 없다. 자기 연민은 자기 발에 자기가 걸려 넘어지는 격이다.

"자기 연민은 어쩌면 나르시시즘의 다른 면일지도 몰라. 자기는 이런 일을 할 사람이 아니고, 이런 자리에 있을 사람이 아니고, 이렇게 살 사람이 아니라고. 그렇게 현실을 받아들이지 못하고 슬퍼함으로써 자신의 특별함을 과시하는 거지." 친구 K가 말했다.

"아냐. 간혹 자기 연민도 필요해. 정말로 힘들 때는 자신을 긍휼히 여기는 것이 중요하거든. 그럴 수 있어야 남도 이해할 수 있고." 친구 J가 말했다.

그 또한 맞다. 자기 연민이 타자에 대한 연민으로 전환될 때 역지사지, 측은지심이 이루어지는 것 아니겠는가.

겨울이 내려앉은 주말, 덕수궁 돌담길을 걸어 국립정동극장에서 하는 연극 〈더 드레서〉◆를 보았다. 연극의 배경은 제2차 세계대전이 한창인 1942년 영국. 셰익스피어 전문 극단의 노배우 '선생님'과 16년 동안 선생님의 드레서(의상 담당자)로 함께 해온 '노먼'의 이야기를 담고 있다. 노먼과 단원들, 무대감독은 갑자기

◆ 아카데미 시상식 각색상 수상 작가 로널드 하우드의 동명 희곡을 바탕으로 한 연극.

기억을 잃고 무대를 두려워하게 된 노배우 선생님을 설득해 어렵사리 연극을 마친다. 인생의 위기, 욕망, 희로애락, 삶의 자세, 태도 등 많은 것을 생각해볼 수 있는 대사가 가득했다. 누구의 대사인지 정확하게 기억나지 않지만 '무대 위에서나 밖에서나 자기 연민은 좋지 않아'라는 말이나 '사람이 작을수록 슬픔은 커지는 법이지' 같은 대사는 연극이 끝나고도 마음에 계속 남았다.

배우 송승환 씨가 분한 선생님은 소리쳤다. "난, 이제껏 몰아쳐져왔어. 난 그렇게 살아왔어." 사모님 역의 배우가 맞받았다. "아뇨. 아무도 당신을 몰아치지 않았어요. 당신은 그냥 당신 자신을 위해 살아온 거죠."

맞다. 모두가 누구에 의해서 '몰아쳐지는 게' 아니라 자신의 선택으로 각자의 삶을 살 뿐이다. 그런 결정에 연민의 감정을 내세워 숨을 이유는 없다. '나한테 남은 건 아무것도 없어'라고 외치는 선생님 역의 송승환 배우는 실명의 위기에서 휴대폰이나 기계가 읽어주는 대사를 들으며 연극을 준비했다고 한다. 눈이 보이지 않게 되자 딱 한 번 아무도 모르게 혼자 늦은 밤에 시원스럽게 울고 그걸로 끝이었다는, 어느 인터뷰의 글을 읽었다.

큰 수술 후, 시야의 일부를 잃었고 그것을 불쑥불쑥 자기 연민으로 꺼내놓는 나와 달리 현실의 송승환 씨는 '몰아쳐졌다고' 말하지도 않았고 지금을 자기 연민으로 허비하고 있지도 않는 것 같았다. 그저 먼 길에 있을 보물을 찾아 뚜벅뚜벅 걷고 있는 것 같다.

니체가 그러지 않았는가. 어제의 비 때문에 오늘 젖어 있지 말고 내일의 비 때문에 오늘부터 우산을 펴지 말라고. 신은 삶의 보물을 골고루 숨겨놓았다고.

목표 달성

얼마 전부터 기미 탈출에 나섰다. 활짝 피어난 기미를 발견했을 때만 해도 몹시 우울했는데 화장품을 꼼꼼히 바르고 약간의 마사지를 하니 날이 갈수록 조금씩 나아진다. 하루 1만 보 걷기로 체중 조절에도 도전한다. 현재의 목표 달성에 열심인 사람은 과거의 자신을 불쌍히 여기지 않는다.

자기 연민은 우울함이나 무기력과 사촌지간. 얼굴과 신체를 가꾸는 일에 집중하다 보면 그런 마음의 소란과는 조금 멀어지는 것 같다. 나를 위한 긍정적인 목표를 세워보자.

오감을 즐겁게

정신없이 미술관을 돌아다닐 무렵, 하루는 꽃다발을 사들고 돌아왔다. 꽃 이름도 모르면서 마음에 드는 녀석들을 이것저것 골랐다. 딱히 예쁜 화병도 없어 큰 도자기에 아무렇게나 꽂아두었지만 잠시 그들과 함께 있으니 내가 귀한 느낌이 들었다.

얼마 전에는 이웃으로부터 꽃 선물을 받았다. 새로 산 식탁을 자랑했더니 저녁에 꽃다발이 문 앞에 도착해 있었다. 그 꽃은 시들어 머리가 다 떨어질 때까지 우리 집에서 함께했다. 최근엔 음원을 사고 오디오북을 구매하고 성능 좋은 무선 이어폰도 샀다. 향초도 구매해 워머에 두고 늘 틀어놓는다. 예쁜 꽃, 좋은 향, 기분 좋은 노래는 오감을 즐겁게 하고 이런 작은 물건들은 속삭인다. 너는 누구보다 수고했고 귀한 사람이라고.

코감기에 부비동염까지 겹쳐 한동안 냄새를 맡지 못했다. 냄새가 나지 않으니 음식도 대충, 변명거리가 생겼다.

평소 냄새에 예민해 수건, 베개, 이불 등을 시도 때도 없이 세탁했는데 냄새를 맡지 못하게 되자 환기부터 세탁까지 일이 한결 수월해졌다. 동시에 여러 일을 하지 않으면 불안해지는 유별난 나에게서 잠시나마 해방되었다.

멀티태스킹은 단기 기억력을 떨어뜨려 치매를 유발하고 지능지수(IQ)도 떨어뜨리고 심지어 마리화나를 피우는 것과 마찬가지라고 하지 않던가. '행복해지려면 게을러지라'◆고 했다. 게으르면 자기 연민이 생길 리가.

◆ 철학자 버트런드 러셀의 말.

INTENNA

Q : 나의 삶은

멜로다. ( )

스릴러다. ( )

미스터리다. ( )

로맨틱 코미디다. ( )

코미디다. ( )

느와르다. ( )

기타 ( )

Q : 나에게 연민을 느낄 때는 언제인가요? 그럴 때는 주로 무엇을 하나요?

_____

_____

Q : 나는 오감 중 어떤 느낌에서 가장 큰 위로를 받나요? 좋은 향? 감미로운 소리? 따뜻한 손길? 그 외에 생각나는 것이 있다면 적어봅시다.

_____

_____

단념에는
용기가 필요하다

"자네는 사람이 마지막까지 단념하지 못하는 게 뭐라고 생각하나?"

오랜만에 모인 개띠 모임에서 D가 물었다.

"글쎄요. 혹시 남녀 간의 '사랑'인가요?"

"음, 그러면 정말 좋을 텐데, 그렇지 않은가 보네. 얼마 전 읽은 책에서 이런 얘기가 있었는데……."

D에 따르면 책의 내용은 이러했다.* 아내도 자식도 없는 폐암 말기 환자가 있었다. 그러다 호스피스 상담에서 남동생 한 명이 있다는 사실이 밝혀졌고 병원에서는 어렵게 수소문을 해 동생

◆ 《어떤 죽음이 삶에게 말했다》, 김범석 지음, 흐름출판, 2021.

을 찾았다. 그의 동생은 사업을 목적으로 그에게 2억 원을 빌려가 갚지 않는 바람에 연락이 끊겼다고 했다. 어렵게 연락이 닿아 병원으로 찾아온 동생은 황망한 얼굴로 병실로 들어왔고 오랜 항암으로 뼈와 피부 거죽만 남은 형의 앞에서 눈시울이 붉어졌다. 서로 한참을 마주하다가 형은 동생을 불렀다. 동생이 가까이 다가가자 형은 나지막한 목소리로 "너…… 내 돈…… 2억…… 갚아라……"라고 했다는 것이다. 그 뒤로 동생은 다시는 형을 찾지 않았고 형은 아무도 지켜보는 사람 없이 세상을 떠났다고 한다.

"돈으로 하지 못할 게 없는 세상이라지만 남에게 빌려주고 그나마 받지 못해도 되는 게 돈인데, 동생한테까지 그럴 필요 있나 싶어. 저승 가면서 가져갈 것도 아니고. 어쩌다가 마지막까지 돈에 대한 집착을 놓지 못한 건지. 쯧쯧." D가 말했다.

"마지막 순간, 동생에게 말한 2억이 빌려준 돈만을 말하는 것이었을까? 형제를 갈라놓은 돈 2억과 동생을 향한 그리움을 그렇게 표현했던 것 아닐까. 동생이 그걸 좀 알아차렸다면 좋았을 텐데." P의 해석은 조금 달랐다.

어떤 의견이든 변하지 않는 사실은 형제는 결국 죽을 때까지 돈 2억 앞에서 패자로 남았다는 것이다.

"내 것이지만 내 것이 아닌 순간이 오지. 그럴 때는 적당한 지점에서 내려놓아야지. 붙들고 있으면 미련이 되고 집착이 되고 원망이 되고, 그다음부터는 감옥에 갇히는 거지." P가 말했다.

선배님들은 나이가 들면 계속해나갈 끈기나 도전보다 '단념' 하는 지혜가 필요하다고 말했다.

단념은 '품었던 생각을 아주 끊어버리는 것', '미련마저도 버리 는 것'을 말한다고 한다.

"우린 어릴 때부터 포기하지 말라는 교육을 너무 많이 받았 어. 도전, 끈기, '열 번 찍어 안 넘어가는 나무 없다', '꿈은 이루어 진다' 이런 것만 주야장천(晝夜長川) 듣다 보니 세뇌됐어. 그렇게 애쓰고 살다가 나이가 들었다고 어떻게 갑자기 모든 걸 내려놓 을 수 있겠어. 포기하고 단념하는 것도 연습이 필요해." B가 말 했다.

불교에서도 마음속의 집착을 내려놓는다는 뜻의 '방하착(放下 着)'이라는 말이 있다. 마음속에 아무 생각도 지니지 않는, 텅 빈 상태를 의미한다.

한 스님이 탁발을 하러 길을 떠났다. 절벽 근처를 지나는데 누 군가 살려달라는 소리가 들려왔다. 스님이 절벽 밑을 내려다보 니 어떤 사람이 나뭇가지를 붙잡고 매달린 채 소리치고 있었다. "이게 어떻게 된 영문이오?" 스님이 물었다.

"저는 앞을 보지 못합니다. 산 너머 마을로 가던 중 발을 헛디 뎌 낭떠러지로 굴러떨어졌는데 다행히 나뭇가지를 붙잡았으니 저를 좀 구해주십시오” 하고 말했다.

스님이 그 사람에게 “지금 잡고 있는 나뭇가지를 놓아버리시오. 그러면 더 이상 힘들지 않을 것이오!” 그러자 절벽에 매달린 사람이 애원했다. “나뭇가지를 놓아버리면 낭떠러지로 떨어질 텐데 무슨 말입니까? 앞 못 보는 저를 제발 불쌍히 여기시어 살려주십시오.” 스님은 계속해서 손을 놓으라고 소리쳤고 버티던 남자도 힘이 빠져 결국 손을 놓고 말았다. 그러자 땅으로 툭 떨어져 엉덩방아를 찧었다. 사실 남자가 붙잡고 매달려 있던 나뭇가지는 땅바닥에서 사람 키 높이도 안되는 정도에 달려 있었다.

사람의 마음속에 고작 사람 키 높이도 되지 않으면서 쉽게 놓지 못하는 나뭇가지는 과연 무엇일까? 조금만 더 오르면 손에 쥘 수도 있었을 것 같은 명함이었을까? 그것에서 비롯된 영향력이었을까? 아니면 가져도 더 갖고 싶은 돈일까? 이루지 못한 꿈일까?

“내려놓다가, 내려놓다가 이제는 땅까지 파고 들어가요. 지금도 지하 3층인데 더 이상 내려갈 데가 없네요.”

자식을 키우는 엄마들은 아이들이 성장해갈 때마다 ‘방하착’의 의미를 깨닫는다. 착하고 공부 잘하던 자식의 방황을 지켜보는 아이 엄마의 얼굴은 마음처럼 까맣게 타버렸다.

"잠깐만 놓고 있어봐. 아이들은 엄마가 이렇게 기다리고 있으면 절대 절벽으로 떨어지지 않는다잖아. 그저 엉덩방아만 찧고 금세 손 털고 일어날 거야. 제발 엄마 건강부터 챙기고. 내 말 믿어봐."

자녀를 모두 사회로 내보낸 지인은 방황하는 아이 때문에 수차례 병원 신세를 진 이웃집 엄마의 손을 꼭 잡으며 말했다.

신은 인간에게 자식을 보내어 굵고 짧게 삶의 고통과 겸손을 가르치는 것인지도 모르겠다. 모든 것을 단념해도 자식에 대한 믿음과 사랑만큼은 포기해서는 안 되겠지. 지나친 기대만 내려놓을 수 있다면 말이다.

박완서 선생님의 책을 즐겨 읽는다. 세심한 관찰과 표현으로 불편한 진실을 털어놓는데도 읽고 나면 온몸이 따뜻해진다. 선생님의 책 《대범한 밥상》◆은 3개월의 시한부 인생을 통보받은 60대 후반의 여성이 십여 년 전 무성한 소문을 남기고 시골로 사라진 여고 동창생 경실이를 찾아가는 이야기다.

경실은 딸과 사위가 비행기 사고로 죽자 어린 손자와 손녀를 데리고 시골에 사는 바깥사돈에게 가 살림을 합친다. 주변 사람들은 흉측하다, 엽기다 말이 많지만, 경실은 그런 소리에도 아랑

◆《대범한 밥상》, 박완서 지음, 문학동네, 2014.

곳하지 않고 친할아버지와 외할머니의 손을 쇠사슬처럼 잡고 있는 두 손주를 위해 시골로 내려가 사는 일에 주저하지 않는다. 그렇게 세월이 흘러 손주들은 유학을 가고 바깥사돈은 자전거를 타고 가다 죽음을 맞는다. 혼자 남은 경실은 여전히 시골을 떠나지 않는다. 그런 경실에게 화자(話者)인 '나'는 딸과 사위의 보상금과 바깥사돈이 남긴 땅 등을 손주들에게 안전하게 물려주기 위해 유서라도 남겨야 하지 않느냐고 묻는다. 경실의 대답은 단호하다. "그따위 건 저승에 가서도 이승에 영향력을 행사하고 싶은 욕심을 못 버리는 사람이 쓰는 것 아닌가?"

그래, 어쩌면 앞으로 단념해야 할 단 하나는 바로 '타인의 시선'이 아니겠는가. 흉흉한 소문이나 손가락질에도 아랑곳하지 않고 손주들을 위해 바깥사돈과 살림을 합친 경실 할머니야말로 저승에 가서도 이승에 영향력을 행사하려는 사람들과 달리 이승에서 최선을 다해 자신의 삶을 선택한 것 아니겠는가. 다른 이들이 말하는 기준, 지켜야 할 규범, 의무, 이런 것에 최선을 다하느라 정작 내가 지켜야 할 것을 단념할 수밖에 없었던 이들에게 많은 걸 말해주는 소설이었다.

그러니, 기도한다. "제가 할 수 있는 일엔 최선을 다할 수 있게 하시고 제가 할 수 없는 것은 포기할 수 있는 용기를 주시며 이 둘을 구분할 수 있는 지혜를 주소서"라고.

단념 대신 전념

"문과형 인간이라서 그렇지 않을까?" 친구 P가 말했다.

"아니, 무슨 이 대목에서도 문과 차별이야?" 극단의 문과형인 우리 집 가족들은 '문송'해야 하는 현실의 사정에 예민하다.

친구의 의견인즉슨, 문과인 우리는 세상사에 얄팍하고 넓게 관심이 많고, 그러다 보니 전반적으로 폭넓게 단념이 되지 않는 것이라 했다. 어떤 일이든 선택과 집중이 중요한데 모든 것에 조금씩 미련을 두는 것이 바로 문과형 인간이라서라니. 억측이다. 억울하다.

친구는 불가능한 것에 미련을 버리고 가능한 것, 꼭 필요한 것에만 집중하는 게 중요한 시대라고 덧붙였다. 사회의 명함, 성공, 권력, 명예, 돈 등 마음에 품었던 수많은 것을 단념하기 위해서는 내가 전념할 무언가가 필요하다는 것 아닌가. 전념할 때 단념된다. 선택과 집중이 아니라 집중하면 선택되는 거였다.

초보자 되기

오십견이 와서 힘들어하던 지인 O가 테니스를 시작했다. 처음엔 과연 해낼 수 있을까 고민하더니 강습을 받고, 영상을 찾아보고, 용품들을 사 모으고, 틈이 날 때마다 코트로 출근한다. "죽을 만큼 숨이 차오르는 순간이 너무 좋은 거 있죠. 한 번도 운동에 푹 빠질 거라곤 생각하지 못했는데……." 테니스를 칠 때 만큼은 고민이 싹 달아난다고 한다. "웃긴 게, 하루 종일 테니스 생각이 나요. 어떻게 하면 더 잘할 수 있을지, 애들 속 썩이는 건 완전히 잊어버렸어요." 초보자가 되는 것만큼 전념하기 쉬운 방 법은 없다.

"20년 넘게 고쳐지지 않으면 잔소리도 멈출 만한데 요즘 아내 잔
소리가 더 늘었어요."

동네 지인들과 모인 자리에서 남편은 한숨을 내쉰다.

억울한 나는 목소리를 한 톤 더 높였다.

"아니, 당신이 고치면 잔소리도 하나씩 줄어들 텐데. 당신이 안 고
치잖아."

올해로 치마폭에 대추와 밤을 받은 지가 20년인데 늘 평행선을 달
리는 우리 부부 중에 누가 아직 단념하지 못하는 걸까?

도대체 아직도 그런 문제로 다투냐며 동네 지인들은 혀를 찬다.

"아이고, 저 부부는 그냥 저렇게 두세요. 보는 우리가 단념합시
다."

역시, 관객 입장에서는 단념이 쉽다.

INTENNA

Q : 지금 당장 포기하거나 단념하고 싶은 일은 무엇인가요?

_____

_____

_____

_____

Q : 앞으로도 절대 단념할 수 없는 것이 있나요?

_____

_____

_____

_____

Q : 지금, 내가 마음을 다해 전념하고 있는 것이 있나요?

_____

_____

_____

_____

내가 나를
결정할 것!

"소송을 해야 할지 말아야 할지 판단이 잘 서질 않네요."

사고로 집에 큰 피해를 입고 온전히 보상받지 못하는 상황에서 중요한 결단을 내려야 했다. 소송을 하자니 판결이 날 때까지긴 시간을 다퉈야 하고 그러지 않으면 손해가 막심이었다. 코로나 시국에, 온 가족이 집이 아닌 곳에서 피난 생활을 하려니 그또한 못할 노릇이었다. 몇 날 며칠을 끙끙 앓았다.

"이게 나을까요? 저게 나을까요?"

옷 두어 벌을 더 입어보고도 뭘 사야 할지, 어떤 게 어울리는지 잘 모르겠다. 바깥 생활을 안 한 지 오래라 유행의 감도 잡기가 힘들어진 건가. 결국 점원이 권하는 것으로 결정했다. 물건을 고를 때, 인제부터인가 나의 감각보다는 타인의 시선을, 조언을 더 믿게 되었다.

집 문제는 결국 소송 대신 합의를 택했고, 쇼핑은 평소 즐겨 입지 않는 다소 과감한 스타일의 것으로 값을 치렀다. 주변에서는 왜 그렇게 큰 손해를 보느냐고 했지만 우리는 무엇보다 빠르게 일상으로 돌아가는 일이 중요했다. 갸우뚱하며 사온, 익숙하지 않은 스타일의 옷은 몇 번 입지도 않고 옷걸이에 걸려 있다.

삶은 의사결정의 연속이다.

큰일도, 작은 일도 모두 쉽지 않다. 잘한 것인지도 고민스럽고 버려진 다른 선택지에도 미련이 남는다. 많은 순간, 결정 장애에 시달린다. 아니, 결정을 미룬다. 이런 증상을 전문적으로는 '선택 불가 증후군'이라 부른다고 한다.

옷, 신발을 사거나 가족 여행지를 정하고 아이 학원을 옮기는 일 따위에서부터 소송과 합의를 결정하는 일, 이사나 전업 등 날이 갈수록 나의 결정이 필요한 순간과 범위가 커진다. 아이의 진로, 부모님 부양 등 난생처음 겪는 생소한 결정도 등장한다. 그러니 늘 결정의 코앞에서 망설인다. 생각이 너무 많기도 하고, 선택지가 너무 많아서이기도 하고, 결정 후 영향받을 사람들을 배려해서이기도 하고, 무엇보다 좋은 결정을 내릴 자신이 없어서다.

"다른 안은 더 없나? 아이디어 두세 개만 더 내보지그래."

"다른 회사는 이럴 때 어떻게 하는지 조사해봤어?"

"사람들한테 투표는 받아봤나? 뭐가 더 좋다고 해?"

회사 다닐 때는 주로 결정보다는 아이디어를 내고 안을 만드는 역할을 했다. 윗사람의 의중에 집중하고 그들의 최종 결정을 기다렸다. 의사결정을 위한 자료를 만들고 벤치마킹과 선호도 등을 조사했다. 그래서인지 난 여전히 문제의 장단점, 고려사항을 열거하는 일에는 자신 있으면서도 최종 결정의 순간이 오면 뒷걸음을 친다.

젊을 때는 남의 의견보다 나의 선택이 먼저였는데 지금은 의존적으로 변했는지, 자신이 없어진 건지, 눈치를 보는 건지 잘 모르겠다. 안전하고 평범한 선택을 하기 위한 자기 보호일지도 모르겠다. 어릴 때는 부모님이, 커서는 상사나 인생 선배들이 조언이라는 이름으로 어려운 일들을 대신 해주었기 때문일까. 이 나이가 되어서도 남의 의견에, 결정에 기대는 모습이라니.

집은 합의를 마치고 곧바로 공사에 들어갔다. 이때부터는 하나부터 열까지가 작은 선택과 결정의 연속이었다. 공사에 문제가 생겼을 때, 빠른 방향 전환과 의사결정이 중요했다. 집으로의 신속 복귀가 최우선 목적인지라 인테리어에 취향을 반영할 마음의 여유는 없었다. 기존 샘플에서 툭툭 고르기만 하면 되는데도 쉽지가 않았다. 가족 민주주의 원칙을 실천하겠다는 의지로 구성원 모두의 의견을 받느라 시간을 썼다. 아니, 독단적인 결정 후 짊어질 무거운 책임을 피하려는 마음이 더 컸다.

아들들은 "이런 건 엄마가 알아서 해"라며 평소처럼 결정을 미룬다. "야, 네 방인데, 네가 선택해야지." 작고 사소한 일에도 스스로 결정하고 책임지는 과정을 겪어봐야 삶의 방향을 정하는 일에도 자신감이 생기는 거라고, 자기 결정권은 분명 연습이 필요한 거라고 덧붙이고 싶었지만, 알아들을 리가. 다 겪어봐야 아는 거지.

'자기 결정권'은 대한민국 헌법상의 권리다. 헌법이 보장하고 있는 나의 주체성과 결정권을 이제껏 너무 가볍게 생각하고 산 것일까.

나의 존엄과 가치를 보호하는 일에 적극적으로 임하는 대신 회피하고 난 후 원망하고 후회하며 사는 일에 익숙해진 것 같다. 타인의 결정에 적절한 조언을 해야 할 나이인데 국가권력이 간섭할 리 없는 내 삶의 시시콜콜한 결정 하나 제대로 하지 못해서 헤매다니, 이렇게 자신감이 없었던가.

"엄마, 이건 나의 결정권을 침해하는 일이야. 난 게임 셧다운 제, 적극 반대야." 어디서 배웠는지, 들었는지 아직 초등학생인 작은아이는 게임 셧다운제가 '위헌'이라는 대단히 어려운 용어까지 사용하며, 마치 자기가 낸 의견인 양 쏟아낸다.

"야, 이 자식아. 사회와 부모는 자식을 보호할 의무가 있고 게임 셧다운제는 너희를 보호하는 울타리야. 참나, 아직 어려서 뭘 몰라요. 이 자식이." 이제 성인이 된 큰아이 역시 어디서 들어본 이야기로 동생의 어리숙함을 꼬집는다.

"얘들아, 진짜 삶의 자기 결정권은 쉬고 싶을 때 쉬고 일하고 싶을 때 일하고, 하기 싫은 건 하지 않아도 되고, 하고 싶은 걸 하는 거야. 그게 얼마나 어려운 일인 줄 알아? 그러니까 공부 좀 하자, 이것들아."

물론, 공부 조금 더 한다고 하고 싶은 일, 하기 싫은 일을 선택할 권한이 생기지 않는다는 것쯤은 알지만, 어쩌랴. 난 대한민국에 사는 부모고 다른 재능을 물려주지 못했으니 말이다. 다만 물건을 고를 때도 수없이 갈등하는 엄마와 달리, 아이들은 순간순간의 어려움에도 자신의 의지에 따라 적극적으로 결정하고 책임지는 삶을 살아가길 간절히 바랄 뿐이다.

"장기 기증, 어떻게 생각하세요?"

K구민 대상 '마음 수업' 강연 자리에서 참석자들에게 물었다. 드라마에서 장기 기증 사연을 본 이후 만나는 사람마다 이 질문을 빼놓지 않는다. 장기 기증으로 새 생명을 얻은 사람들의 기사

에도 유독 눈이 간다. 놀라운 것은 이미 운전면허증에 장기 기증 표시를 해놓은 사람들도 여럿이고 다수가 매우 긍정적이라는 것이다. 드라마의 선한 영향력이 놀랍다.

"내가 서약을 했어도 뇌사 시 가족의 동의가 없으면 기증이 안 된다는 건 알아? 아들한테 얘기했더니 자기는 동의하지 못할 것 같다고 하네."

지인의 아들은 아무리 뇌사지만, 장기 기증도, 사후 시신 기증도 자식으로서 쉽지 않을 것 같다고 말했다 한다. 사는 일에 나의 의사를 충분히 반영하지 못했으니 사는 일보다 더 중요한 죽는 일에라도 나의 뜻을 적극 반영하고 싶은데, 절차도 복잡하고 동의를 구할 사람도 많다. 가족이라는 울타리가 또 그 결정에 영향력을 행사한다.

"지금으로서는 연명 치료도 거부하고 뇌사 시 장기 기증도 하고 싶은데 진짜로 아파지면 또 달라지겠지?" 친구 L은 이런 나의 말에 "야, 장기 기증도 장기가 온전해야 하는 거지. 그렇게 몸 관리 안 하고 살면 하고 싶어도 못해. 니 몸부터 제대로 관리하고 나서 생각해"라고 찬물을 끼얹는다.

다행히 아직 삶이 계속되고 있으니 죽음에 이르기 전까지는 건강하고 주도적인 삶을 위해 노력하는 것이 먼저겠지만, 그렇게 자신감이 붙다 보면 죽음 앞에서 그 어떤 결정에도 마음이 복잡하지 않을 것 같다.

이제라도 내 삶의 모든 결정에 내가 주인이 되어 나서고, 그 책임마저 겁내지 않는 성숙함을 길러야겠다고 다짐해본다. 혹여 잘못된 결정으로 어려움을 겪었더라도 괜찮을 것이다. 두려워 말자. 옳은 결정은 없다. 최선의 선택, 결정만 있을 뿐. "매일이 작은 인생"이라는 쇼펜하우어의 말처럼, 우리의 삶은 하루하루가 리셋이다.

내 마음 표현하기

"아무거나, 좋을 대로, 난 괜찮아, 너부터 해." 대체로 이런 말을 많이 하고 살았다. 배려심이나 천성의 문제라기보다 내가 무엇을 좋아하는지, 싫어하는지를 잘 몰랐고 현재도 잘 모른다. '인간이란 자신에 관해서는 반드시 거짓말을 하기 마련이므로 정직한 자서전은 없다'라는 독일 시인 하이네의 말은 차라리 부럽다. 거짓말을 할 정도로 나는 나를 알지 못한다.

그래서 시작해보기로 했다. 먹을 것, 입을 것에 내 의견을 적극 개진하기로.

"뭐 먹을래?"라는 상대의 물음에 "아무거나" 대신 "오늘은 회 먹고 싶네"라고 답한다.

"회는 지금 좀 그렇지 않나? 김치찌개 먹자"라고 에둘러 자신의 선호를 강요하는 상대에게 "싫어. 초밥이라도 먹을래"라고 단호하게 말하는 연습을 시작했다.

나이 들어 양보가 없어졌다며 욕을 듣겠지만 나는 지금 나를 표현하는 중, 아니 대접하는 중이다. 괜한 걱정이겠지만 죽은 다음 내 제삿날 '우리 엄마가 뭘 좋아했지?' 기억해내기 힘든 자식들을 위함이기도 하다.

다른 사람 말고 내 생각

가끔, 아니 자주 "누가 그러는데……"로 말문을 연다. 자기 의사를 분명히 표현하는 데 자신이 없기도 하고 주변의 의견을 끌어모아 나의 뜻을 강화하려는 의도였지만 역시 '나의 생각'은 빠져 있다.

앞으로는 "내 생각에는……"으로 말을 시작해야겠다. 그러다 보면 진짜 내 생각, 내 판단, 나의 결정에도 자신감이 붙겠지.

선택군 줄이기

　가능성을 높이기 위해 여러 생각을 나열하다 보면 나마저도 헷갈릴 때가 있다. 물건을 고를 때, 식당을 정하거나 여행지를 고를 때, 큰 무리가 없다면 최종 결정의 후보군은 두 개를 넘지 않는 것이 좋다. 회사 일도 그랬던 것 같다. 여러 개의 후보는 더 여러 개의 후보군을 확대 재생산해냈다. 속도가 생명인 일은 특히나 후보군이 적을수록 좋다. 오랜 고민 후의 결정이 꼭 최선의 결정이 아님을 수없이 경험하지 않았는가.

미술 심리 치료를 하는 지인이 간단한 검사를 해준다고 해서 남편과 함께 나란히 책상에 앉았다. 하찮은 실력으로 꾸역꾸역 그림을 완성했다. 남편의 그림은 나보다 더하다. 이런 그림으로도 분석이 가능하다니, 놀랍다.

"아내분은 결정이 어려워서 그렇지 결정하고 나면 절대 뒤돌아보지 않는 성격이네요. 반면 남편분은 쉽게 결정하지만 좀 후회를 하는 편이고요."

역시 우리는 달라도 너무 다르다. 어떤 방식이 사는 데 더 나은지는 잘 모르겠다.

"의사결정에서도 분업하시면 되겠는데요. 쉽고 자주 일어나는 일은 남편분이, 좀 어렵고 중요한 일은 아내분이 결정하시면 좋을 것 같아요."

아니, 대체 왜 나보고 어렵고 중요한 일의 결정을…….

INTENNA

Q : 인생에 큰일이 있을 때마다 주로 내가 결정하는 편인가요?
그 이유는 무엇인가요?

(O)   (X)

_____

_____

Q : 내가 가장 어려워하는 결정은 무엇인가요?

_____

_____

_____

Q : 결정할 때, 가장 많이 의견을 물어보는 사람은 누구인가요?

_____

_____

_____

4장

이제 넘치는 것은 비우자

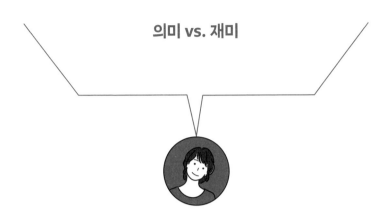

의미 vs. 재미

중학교 2학년 영어 시간, 안경을 쓴 곱슬머리의 또랑또랑한 친구 K는 선생님의 질문에 어깨를 으쓱하며 "Just because"라고 답했다. 선생님은 흐뭇한 표정을 지었다. 뭐지? 무슨 뜻이지? 나만 몰라? 아니 근데 쟤는 어떻게 저렇게 세련된 말을 할 줄 알지? 그 뜻을 알게 된 건 한참이 지나서였다.

쉽게 말하자면 드라마 〈대장금〉의 "저는 제 입에서 고기를 씹을 때 홍시 맛이 났는데 어찌 홍시라 생각했느냐 하시면 그냥 홍시 맛이 나서 홍시라 생각한 것이온데"와 같은 의미다. 영화 〈자산어보〉에서 창대(변요한 분)가 "물고기를 알아야 물고기를 잡응께요. 홍어 댕기는 길은 홍어가 알고 가오리 댕기는 길은 가오리가 앙께요"라고 답한 것과도 같다.

우리 집 남자들이 복잡하거나 곤란한 질문을 받으면 눈을 껌뻑이다 한참 뒤에야 짧게 답하는 그 말, "그냥요"다. 당연한 것들에 이보다 더 명쾌한 답이 있겠는가.

'그냥'에는 이유가 없다. 그런데 자꾸 이유를 찾아대니 존재하지도 않는 의미를 덧입히고 궤변이 생기는 것 아니겠는가.

회사에는 유행병이 여럿 있었는데 그중 하나가 'why' 병이었다. 상사들은 불쑥불쑥 "왜?"라고 물었다. 설명해주고 간단히 지시하면 되는 일을, 반드시 왜 그렇게 생각하냐고 물었다. 파워포인트의 배경이나 사진 자료에 대해서도 물었다. "저 사진을 쓴 특별한 이유가 있나?"

시간이 지나 나는 상사가 되었고, 나 역시 물었다. "왜 이런 생각을 했어?"

그러고 나서 알아차렸다. 할 말이 없을 때, 잘 모를 때, 상대에게 묻는다는 걸. 잘 아는 사람들은 굳이 '왜'냐고 묻지 않는다. 대신 '어떻게'를 묻지. '왜'를 묻는 사람은 출발점에서 몇 걸음 걸어 나오지 못한 사람들이다. ABC 중에 하나 고르면 될 일을 A~Z까지 만들어 "왜?"라고 묻다가 지쳐 쓰러졌다. 모두가 철학자 노릇을 하려니 심각해지고 비장해지고 재미가 없어졌다. 물론 회사의 일은 효율이 중요하고 이유 없는 일은 없어야겠지만, '그냥'에 '왜'를 붙이면 한없이 무거워진다.

예를 들어 "골프 안 치세요?"라는 질문에 "작은 공 가지고 애쓰기 싫어서요"라고 답하면 될 것을 "골프장 만들려면 농약, 살충제, 제초제를 써서 환경오염도 심해지고 자연도 훼손되어서 전 싫더라고요"라며 물어본 사람을 머쓱하게 만드는 대답을 늘어놓는 건 어디까지나 자꾸 근엄한 얼굴로 '왜'를 물어댄 상사들 때문이다. 시인 김상용은 "왜 사냐고 묻거든"이란 커다란 담론에도 "그냥 웃지요"라고 읊조렸는데 왜 자꾸 사소한 일에 '왜'를 꺼내는지.

사람들의 선택은 의미와 재미 그 어디쯤에 있다. 재미가 없으면 시작이 안 되고 의미가 없으면 지속이 안 된다는 말도 있지 않은가.

"무슨 일이든 의미가 있든가 재미가 있든가. 아니면 의미와 재미 모두가 있든가 해야죠. 의미와 재미 모두 없으면 의리로 버텨야 하는데, 그게 쉽습니까. 전 그저 재미나게 삽니다."

굳이 구분하자면 의미보다는 재미를 찾아 사는 남편의 선배는 휴대폰 컬러링도 뽀로로에 나오는 〈노는 게 제일 좋아〉다.

사실 무엇에든 의미를 부여하고자 하는 노력이 나쁠 것은 없다. 그런 노력은 지금 하는 일을 정당한 일, 효율적인 일, 좋은 일로 만들 확률이 높다. 미술관에서 우연히 만난 대작가도 말했다. "길을 걸으면서도, 밥을 먹으면서도 빛과 색의 아름다움을 찾아

내려고 노력합니다. 그냥 '아름답다'가 아니라 그림이 되는 아름다움이냐가 중요하니까요." 그림이 되는 아름다움은 늘 두 눈 부릅뜨고 봐야 발견할 수 있는 것이라 했다.

하지만 지나친 의미 부여는 어떤 일에도 관대해지지 못하는 치명적인 문제를 낳는다. 웃고 나면 그만일 일에 죽자고 달려든다. 물은 물이고 산은 산인데, 왜 물인지, 왜 산인지 증명하려 애쓴다. '성공할까?', '나이에 맞지 않는 건 아닐까?', '누군가 욕하는 거 아냐?' 등 주변 사람보다 앞서 질문하고 억지 답을 찾으려는 헛된 노력을 한다. 나이가 들었다고, 경험이 많다고, 해당 분야의 지식이 높다고 해서 늘 정답을 가지고 사는 건 아니다. 그때는 틀리고 지금은 맞는 일이 어디 한두 가지인가. 그냥 물은 물이고 산은 산일 뿐이다.

"의심이 많은 성격이라 그런지 무슨 상품이나 서비스를 소개받으면 잘못된 부분부터 눈에 들어와요. 덥석 받아들이는 것도 좋지는 않지만 무조건 문제점부터 찾으려다 보니 뭘 시작하기가 이렇게 힘드네요." 사실 나는 위에 주르륵 열거한 고질적인 'Why' 병을 가진 사람이고 재미도 없으면서 의미도 찾지 못하는 부류에 가깝다.

"위험 감지가 우선이라 그렇지, 나쁜 건 아니죠. 전 오히려 그런 성격이 부러운걸요. 그런데 그냥 '이거다' 싶은 게 있으면 눈

딱 감고 일단 시작해보세요. 재미로 시작해도 하다 보면 또 의미가 생기더라고요. 그러다 보면 언젠가 수익도 나겠죠."

지인 K는 키즈 액티비티, 여성 의류 등 생활에서 느꼈던 불편함을 사업 아이템으로 연결해 비즈니스 모델을 만들고 클라우드 펀딩으로 창업에 성공했다. 당장 수익은 나지 않지만 배우는 재미가 크다고 했다. 의욕 넘치고 열정적인 모습에 부러움이 앞섰다.

돌아보니, 생각만 하다가 증발해버린 일들이 여럿이다.

- 강연과 학습을 기반으로 한 지자체 단위의 네트워킹 그룹을 만들어볼까?
- 글쓰기와 미술 감상을 활용한 치유와 성장 프로그램을 만들어볼까?

여러 생각이 앞서거니 뒤서거니 했지만 '에이 그게 되겠어'라는 염려에 접기를 수차례. 삽 들고 파본 적도 없으면서 부정적인 생각만 잔뜩 모으다 모두 쓰레기통으로 넣어버렸다. 재미없는 일들만 하느라 힘들었는데, 재미난 일도 고민만 하다가 발로 뻥 차버렸다.

그런데 몇 년 지나지 않아 비슷한 유형의 일을 너무도 재밌게 가꾸어가는 이들의 기사를 읽었다. 지난 사회 경험이 빛이 아니라 바람이 되어 작은 촛불의 불씨마저도 꺼버린 셈이다.

달걀에서 뼈를 찾다*가 먹어보지도 못하고 버렸다.

일본 츠타야 서점의 창업자 마스다 무네아키는 이렇게 말했다. 불가능한 일에 도전한 사람은 시간이 흐르면 할 수 있는 일이 늘고 성장하지만, 가능한 일만 하는 사람은 나이를 먹어도 할 수 있는 일의 범위가 넓어지지 않는다고, 사람의 성장은 그 사람이 불가능한 일에 도전하고자 하는 각오의 크기에 비례한다고 말이다.**

앞뒤로 재서 아귀가 맞는 일, 무게 차이가 없는 일, 흑백이 명확한 일, 결과가 분명한 일이 세상에 없다는 걸 사는 동안 깨달았으면서도 자꾸 길이와 무게, 색깔을 본다. 가능한 일만 하고는 변명처럼 의미를 운운한 것인지도 모르겠다.

영화 〈기생충〉의 기택(송강호 분)도 그러지 않았는가. 무계획이 계획이라고. 인생은 계획한 대로 흘러가지 않아서 불행하기도, 재밌기도 한 것이다. 지금까지 보아온 성공의 법칙, 일의 순서는 잊고 무엇이든 시작부터 해보는 게 좋겠다. 재미만 있다면, Just because!

◆ 중국 속담으로 괜한 트집을 잡는다는 의미.
◆◆ 《취향을 설계하는 곳, 츠타야》, 마스다 무네야키 지음, 장은주 옮김, 위즈덤하우스, 2017.

재미가 의미와 행복으로

젊은이들 사이에서 '소확성(소소하지만 확실한 성취)'이 유행이라는 기사를 보았다. 하루 긍정적인 말 20회 하기, 부모님께 전화 드리기, 1만 보 걷기, 이른 아침 공부하기, 분리수거 하기, 영어 단어 외우기 등 스스로 건강과 마음을 돌보기 위한 '셀프 케어'를 실천하고 있다는 내용이었다. 이런 도전을 돕는 앱도 생겨나 서로 응원하기도 하고, 목표를 달성했을 때는 일정 금액을 보상받기도 한다는 것이다.

"전 '이틀에 한 번 1만 보 걷기', '하루에 물 1.5리터 마시기'를 공약으로 할래요."

동네 지인에게 이렇게 선언하자,

"전 걷기, 물 마시기 받고, '하루에 세 번 아들 칭찬하기'를 할래요. 이만큼 고난이도는 없다고 봅니다"라고 답한다.

실천하고 서로에게 인증샷을 날리기로 했다. 얼마간 직접 해보니 1만 보 걷기는 그럭저럭 가능한데 물 1.5리터 마시기는 쉽지가 않다. 지인은 자꾸 '아들 칭찬'에 결석 도장을 찍었다. 생각해보니 아들이 문제가 아니라 자신이 칭찬에 인색한 사람임을 느꼈다고, 반성 중이라고 했다. 젊은이들을 흉내 내며 재미로 시작한 일이 의미와 행복으로 발전했다.

어린 시절로 돌아가기

코로나19는 사람들에게 많은 것을 꺼내보게도 한다. 옛 상사 L은 최근에 만화책, 무협지를 읽는다고 한다. 우리가 어릴 때 읽었던 만화책은 현재 엄청난 시장으로 커진 웹툰의 전신 아닌가. 아무 생각 없이 키득거리던 시절로 돌아간 것 같아서 좋고 무협지의 내용이 직장 생활에서 겪은 희로애락과 크게 다르지 않을 정도로 깨달음이 커서 놀랍다고 했다.

후배 Y는 동화책을 즐겨 읽는다. 복잡한 서사도, 엽기적인 내용도, 마음 아픈 불행도 없고 결국은 모두가 따뜻한 해피엔딩이어서 마음이 편안하다고 한다. 세상의 이목을 집중시킨 넷플릭스 드라마 〈오징어 게임〉에 등장한 게임도 과거 즐겁기만 하던 시절, 친구들과 자주 하던 놀이였다. 어린 시절에 느꼈던 재미에 진정한 의미가 숨겨져 있었던 거다.

"힘든 학교 생활을 버티게 해주는 아주 작은 즐거움을 주고 싶어요. 아이들이 학교에 오는 이유가 되었으면 좋겠어요."

중학교에서 영어를 가르치는 후배 Y는 수업 시간에 아이들과 함께 인형극, 뮤지컬을 하고 오디오북, 영어 신문 등을 발간한다. 우쿨렐레를 배워 선생님들과 함께 교문 앞에서 연주회도 연다. 낡은 피아노를 닦고 조여서 아이들이 자유롭게 칠 수 있도록 학교 복도에 놓아두기도 하고, 피아니스트와 기타리스트를 초청해 '찾아가는 콘서트'를 연 적도 있다.

"애들 가르치는 것만으로도 피곤할 텐데 대단하다."

"제가 재밌어서, 즐거워서 시작한 일인데요, 뭐. 십 대 시절의 경험이 어른이 되어 무엇인가를 선택할 때 기준이 된다잖아요. 아이들에게 머리가 아니라 몸으로 배우는 경험을 주고 싶어요. 사람들은 급하고 중요한 일을 먼저 하지만 사실은 그렇지도 않은 일에서 진짜 행복을 느낀다잖아요. 악기를 배우고 글을 쓰고 누군가와 함께한 시간이 그런 것 아닐까요?"

복도에 놓인 피아노를 치기 위해 몰래 새벽에 등교하는 제자를 본 뒤로는 공문을 쓰고 협의를 해야 하는 수고에도, 유난스럽다는 동료 교사의 눈길에도 의연할 수 있게 되었다고 한다.

무엇이든 시작하는 사람이 재미도 찾고 의미도 찾는, 두 마리 토끼를 잡는 것인가 보다.

INTENNA

Q : 하루 중 내가 가장 좋아하는 시간은 언제인가요?

_____

_____

Q : 나는 재미있는 일부터 한다. ( )

　나는 의미 있는 일부터 한다. ( )

Q : 소확성을 실천해보겠습니다. 세 가지 공약을 적어보세요.

_____

_____

_____

_____

Q : 어릴 때, 무엇을 하며 보낸 시간이 가장 즐거웠나요?

_____

_____

_____

잘 되는 사람을 보고
배가 아프다면?

새벽 2시. 자꾸 잠을 놓친다. 예전에는 머리를 대기가 무섭게 곯아떨어졌는데, 어느 순간 뒤척이는 시간이 길어지더니 일찍 잠든 날은 새벽에 깨 잠과 사투를 벌인다. 잠드는 걸 포기하는 편이 낫다는 걸 알면서도 쉽지 않다.

결국 그렇게 아침을 맞이하는 일이 사흘 걸러 하루씩 생기기 시작했다. 삼한사온도 아니고 이런 규칙적인 불규칙의 패턴이라니.

"부장님, 지금 TV 틀어봐요. 저 사람 아시죠? 와, 말도 잘하고 화면도 잘 받네요."

우리가 벌써 그럴 나이인가. 또래들이, 지인들이 자꾸 유명인사가 된다. 연말이 되면 정기 인사에서 꽤 높은 고위직에 임명 소식을 알린다. 아주 짧은 시간, 반가움과 함께 마음 회로에 복잡한 신호음이 들린다.

나처럼 평범했던 것 같은데 언제 저렇게 근사해진 거지? 사회에 좀 더 머물렀다면 혹시 나도 이름을 날릴 수 있었을까? 마음이 혼탁해진다. 아니다. 내가 본 그들의 모습은 짧은 시간의 단편적인 모습이었을 테고 그들은 내가 멈춰 선 다음에도 성장하고 물러서는 일을 반복했을 것이고 결국 앞으로 나아간 것이다. 제자리에 머문 것은 나라는 걸 알면서도 그들의 전속력에 자꾸 마음이 붉어진다.

'쓰는 일'을 하기로 마음먹으면서 한동안 나에 대한 실망으로 마음이 괴로웠다(아니, 늘 괴롭다). 세상에는 어쩌면 그렇게 잘 쓰는 이들이 많은지. 생각도 표현도 독창적이고 서사마저 따뜻하다. 죄다 앞뒤가 맞지 않는 것 같은 내 문장과는 달리 그들의 책을 읽고 있으면 맛있는 음식을 먹고 따뜻한 욕조에 몸을 담그고 있는 것 같다. 한겨울 교실 한복판 난로 위의 도시락을 위아래로 뒤집듯 따뜻한 마음이 위아래로 순환한다. 게다가 그들의 SNS에도 독특함이 가득하다. 인디밴드에 심취하거나 일본, 유럽, 남미 음악을 즐기고 초현실주의 미술에도 익숙한 것 같다. 덕질◆로

◆ 어떤 분야를 열성적으로 좋아하여 그와 관련된 것들을 모으거나 파고드는 일.

들러본 것인데, 이내 그들이 미워졌다. 감탄의 마음은 질투로 변했다. '질투'는 역사에 영원히 살아 있을 서사라더니, 그 망망대해에 빠져버렸다.

질투의 수명이 다할 나이가 되었는데도 남녀노소를 가리지 않고 뛰어난 재능을 가진 사람들에게는 미묘한 질투심을 느낀다. 기존에 없던 소재를 들고나오는 소설가에서부터 한 줄만 읽어도 가슴이 뭉클한 시를 쓰는 시인, 시골에서 농사를 지으며 감미로운 음악을 만들어내는 싱어송라이터의 여유로운 모습에도 야릇한 질투를 느낀다.

아니다. 한참 잘못되었다. 내가 보고서를 쓸 시간, 폭탄주를 마시며 허세를 부리던 시간, 상사를 욕하던 시간, 밥하고 쇼핑하며 수다를 떨던 그 시간에 그들은 먹고 자는 시간을 쪼개 읽고 쓰고 지우고, 또 읽고 쓰고 지우기를 반복했을 것이다. 그 수많은 시간을 건너서 지금 그들의 책이 내 손에 있는 것일 텐데, 이제 시작하는 나는 또 보이는 것만 보고 생각하고 싶은 대로, 느끼고 싶은 대로 느끼고 있다.

그런데, 묘하게 공감되는 사람을 TV에서 보았다. 무명 가수를 대상으로 한 서바이벌 경연 대회. 한 가수가 무대에 올라 "전배 아픈 가수입니다. 남들이 잘되면 배가 아파요"라고 말했다. 어라, 노골적으로 질투심을 드러내네. 배가 아파서 커버곡도 잘 부르지 않고 경연 대회는 더더욱 보지 않는다고 했다. 그런 그가 우승했고 진심으로 감사하다는 말을 전한다. 함께한 참가자들을 보며 감사와 질투와 경외심과 반성을 느꼈다고 한다. 음, 역시 '질투'를 빠뜨리지 않는군.

그렇게 잊고 있다가 우연한 기회에 그가 무명으로 활동하던 시절에 만든 자작곡들을 듣게 되었는데, 이런. 그가 커버곡을 부르려 하지 않았던 이유를 알았다. 서사 가득한 가사, 독특한 음색과 멜로디. 이 젊은 가수는 수많은 날을 쓰고 지우고 쓰고 지워서 만든 곡의 가치를 본인이 알았을 테고 그래서 더더욱 배가 아팠겠지. 배 아픈 가수는 앞으로도 그 질투심을 땔감 삼아 더 크게 성장하리라 믿는다.

'배 아픈 가수'의 노래를 흥얼거리며 장을 보러 나섰다. 마트에서는 반건조 고등어를 싸게 팔았다. 점원에게 반건조와 생물의 차이점을 물었지만, 그저 '바람에 말린 것'이라는 당연한 대답만 듣고 돌아서야 했다. 집에 와 구우니 생물보다 모양이 잘 유지되며 비린내 없이 감칠맛이 나는 것이 아주 맘에 들었다. 해풍에 말려 항아리에 담고 보리를 채워 보관한 보리굴비가 값비싸게 팔리는 이유가 있었다. 청어나 꽁치를 얼렸다 녹였다를 반복하면서 그늘에서 말린 과메기는 또 얼마나 맛이 좋은가. 고기도 드라이에이징(건조 숙성)을 하면 맛의 깊이가 더해진다고 집 앞의 고깃집 사장님이 말했었다. '그래, 무엇이든 깊은 맛이 나려면 거친 바람을 맞는 시간이 필요하구나' 하는 생각이 든다.

저녁 식사를 마무리하고 컴퓨터 앞에 앉았다. 후배가 선생님으로 있는 중학교의 작가 동아리 학생들을 만나기로 약속한 날이다. 앳된 모습의 학생들은 학원에 있어야 할 시간에 책상 앞에 앉아 글쓰기를 하며 '작가'가 되고 싶다고 말했다. 인터넷 사이트에 올라온 학생들의 글은 진지하고 담백했다. 아이들 이름 아래에는 매일매일 다른 주제의 글이 저장되어 있었다. 열정에 성실함까지 갖췄다니, 놀랍고 부끄럽다.

"글을 쓴다는 건, 내 안 어딘가에 있을 단어와 문장을, 나도 잊고 있는 그것들을, 온 마음을 달궈서 끌어내는 일이라고 생각해요. 그러니까 우선 많은 걸 읽고 보고 경험해야죠. 연기자가 연기를 하듯 작가는 내가 쓰는 책 속의 사람이 되어 펜과 문자로 혼신을 다해 연기하는 사람들이라고 생각해요."

작가란 어떤 사람인가라는 질문에 그렇게 답을 했던 것 같다. 그러니 무조건 작가가 되겠다는 목표를 세우는 것보다 서두르지 말고 천천히, 많은 것을 보고 공부하고 시도해보라고 덧붙였다.

학생들에게는 그렇게 말했으면서 지금까지 나는 뜸도 들이지 않고 칠진 밥을 먹고 싶은 욕심을 부렸다. 사실, '질투'에도 자격이 필요하다. 배가 아프다는 말은 수많은 노력과 정성을 들인 다음에나 꺼내놓을 말이다.

나폴레옹은 내 기억으로 내가 행복했던 날은 엿새 정도밖에 없었다고 했고, 평생 듣지도 보지도 못했던 헬렌 켈러는 내 인생에서 행복하지 않은 날은 하루도 없었다고 했다지 않은가. 배만 아파하다간, 무턱대고 욕심만 키우다간 나폴레옹처럼 행복이라곤 모르는 신세가 될 것이다.

지금 시작하는 일은 나를 인정하고 믿어야 가능한 것들이다. 지난 경험, 시각, 생각들을 잘 버무려 뭉근하게 끓여야 한다. 서두르면 처음엔 근사하게 보여도 제대로 익지 않아서 그 참다운 맛을 느낄 수가 없다. 성급한 마음이 질투를 깨우는 것이리라. 천천히, 그리고 즐겁게 가면 된다. 마음만 급하니까 쪼들리고 졸이는 것이다.

잘게 쪼개기

해야 할 일을 하루, 한 달, 두 달, 1년 등으로 쪼개보자. 단계별 목표를 잡아보는 것도 좋다. 잘게 쪼개면 이루고 난 다음의 성취감으로 다음 단계로 넘어가기가 수월해질 것이다. 그러면 성취감도 만족도도 높아진다. 무엇보다 조급한 마음이 사라진다.

나와의 비교

위로 견주면 모자라고 아래로 견주면 남는다. 위로 비교하면 비참해지고 아래로 비교하면 교만해진다. 그러니 기준점은 남이 아닌 어제의 나, 한 달 전의 내가 되어야 한다. 그동안 남과의 비교와 경쟁으로 얼마나 많은 시간, 마음이 지옥을 헤매었는가. 나와 비교하면 초조해지는 대신 몹시 부끄러워지거나 화가 나거나, 둘 중 하나겠지만 말이다.

스웨덴 연구진은 쉽게 질투하거나 분노하는 등 신경증적인 성향을 지닌 중년 여성이 노년이 되었을 때 치매에 걸릴 확률이 그렇지 않은 사람보다 두 배 이상 높다고 발표했다. 질투나 분노 등 스트레스를 받는 상황에서는 코르티코스테로이드(corticosteroid)라는 호르몬이 과다 분비돼 인지 기능을 떨어뜨린다는 것이다.

신경증 점수가 높은 여성 중에서 내향적인 성격을 지닌 여성이 외향적인 성격의 여성보다 두 배 이상 치매 발생 확률이 높다고 한다. 그나마 질투, 분노의 감정을 아닌 척 숨기는 것보다 당당히 드러내는 게 큰 병 걸리지 않는 방법이라는 얘기다.
오래 살았다면 인현왕후보다 장희빈이 훨씬 더 명료한 노년을 맞이했을 거란 가정이기도 하겠다.

INTENNA

Q : 나는 어떤 일을 할 때 주로 위로 견주는 편인가요?

_____

_____

_____

_____

Q : 나는 어떤 일을 할 때 주로 아래로 견주는 편인가요?

_____

_____

_____

_____

Q : 요즘 내가 큰 질투심을 느끼는 일은 무엇인가요?

_____

_____

_____

_____

오르락내리락
감정 아껴 쓰는 법

영화 〈자산어보〉를 보다가 통곡을 하느라 마스크가 다 젖었다. 옆에 앉아 있던 친구 L은 황당한 얼굴이다. "야, 이게 그렇게까지 울 영화는 아니야. 누가 보면 무슨 큰일이라도 난 줄 알겠어" 한다.

요즘 좀 이상하다. 슬픈 뉴스를 보면 종일 울적하다. 젊은이들의 사망 소식, 특히나 어린아이들이 학대를 받고 죽음을 맞이했다는 기사를 보면 감정 조절이 잘 안 된다.

아침 산책길에 발달장애를 앓는 아들이 차도로 뛰어들지 못하게 뒤에서 잡고 가는 몸집이 작은 엄마를 보다가 또 울컥했다. 아들은 키가 180센티미터는 훌쩍 넘는 거구인데 배낭을 메고 뒤따르는 엄마는 155센티미터가 채 넘을까 말까 하고, 다리는 부러질 것처럼 가늘다. 파란 하늘에 들떠 나섰던 마음이 괜히 미안해서 자꾸 뒤를 돌아봤다.

젊을 때도 '신파스럽다'는 이야기를 듣긴 했었다. 사건을 확대 해석하는 습관도 있고 사실관계보다 앞서 판단하고 그 감정까지 떠안느라 쉽게 지쳤다. 오지랖도 넓다. 물이 새는 공중화장실을 보면 내내 걱정스럽고 급하게 사이렌을 울리며 가는 구급차를 보면 응급실에 제시간에 도착하지 못할까 염려스럽다.

하긴, 요즘 자꾸 아무에게나 말을 걸고 아무에게나 간섭하고 아무하고나 친구가 되려고 한다. 쓸데없는 말이 발이 되어 날아갈 수도, 옳지 않은 판단을 강요할 수도, 부담스러운 도움이 될 수도 있겠다 싶으면서도 멈춰지지가 않는다. 꼰대병은 만성질환이라는데. 큰일이다. 신파에 오지랖에 꼰대질까지 합치면, 영락없이 종합 질환이다.

《어떤 죽음이 삶에게 말했다》에는 이런 내용이 있다.

백혈병을 앓던 아이가 밤사이 죽음을 맞이했다. 간호사가 혈압을 재러 갔을 때 아이는 이미 호흡이 멎은 상태였지만 엄마는 아이를 품에 꼭 껴안고 있었다 한다. 사망을 알리면 의료진이 아이의 시신을 데려갈까봐 누구에게도 알리지 않고 아이를 끌어안은 채로 밤을 새운 모양이었다. 시신은 동이 트고도 따뜻했다는 대목까지 읽고는 휴지 반 통을 다 써버렸다. 눈물이 멈추질 않는다.

펄펄 끓는 아이를 끌어안고 깜빡깜빡 졸며 밤을 새워보지 않은 부모가 세상에 어디 있겠는가. 그러나 그 밤을 이겨내어 우리의 아이는 살았고 책 속의 아이는 그러질 못했다. 내 품에 품었던 그 온기처럼 마음이 무너지는 슬픔에 동화되는 건 어쩔 수 없는 부모의 마음이겠지. 아이들의 이야기는 슬퍼도 슬퍼도 이보다 더 슬플 수가 없다.

최루성 영화를 보는 것도 힘들다. 우당탕 부수고 피 칠갑을 하고 배신과 음모가 판치는 영화도 마찬가지다. 아무리 작품성이 뛰어나다고 해도 심장에 무리가 가서 볼 엄두가 나지 않는다. 가학적인 내용이나 억울한 일을 당하는 사람들의 이야기는 굳이 보겠다는 마음을 먹지 못한다.

눈물을 흘리게 하는 건 이뿐만이 아니다. 젊은 뮤지션들이 공항, 공원, 한옥마을에서 버스킹하는 모습에 또 울컥했다. 코로나19로 관객과 한참 떨어진 곳에서 그들은 열심히 또 차분히 노래를 불렀다. 요란한 연주 하나 없이 목소리만으로도 음악이 되는 노래를 듣자니 마음 안에서 뭔가가 자꾸 흘러내린다. 마음에도 물길이 있다면 그것을 흐르게 하는 건 음악이겠지. 몽골에서 자랐다는 남매 뮤지션의 노래는 귀로 들어와서 머리를 상큼한 향의 비누로 씻어내는 느낌이 든다. 바이올린과 피아노를 자유자

재로 놀리는 한 뮤지션에게는 경외심마저 든다. 악기와 목소리의 컬래버, 합창, 연주의 아름다움에 새삼스레 또 눈물이 난다.

그렇게 시도 때도 없이 요동치는 감정 기복에 힘들어하고 있을 때였다. 아는 이가 극단적인 선택을 했다는 소식을 들었다. 영민하고 훤칠한 사람이었다. 재능 있고 카리스마까지 넘치는 그를 많은 후배가 따랐다. 그런 그에게 생각지도 못한 어려운 일이 생겼고 꼿꼿했던 그는 결국 그 문제를 극복해내지 못했다. 자존심이 강했던 만큼 자신에게 일어난 일을 받아들이지도, 남에게 도움을 청하지도 않았다. 실제 벌어진 일보다 더 크게 부푼 감정의 소용돌이에서 빠져나오지 못한 것 같았다.

슬퍼도, 좋아도, 기뻐도, 우울해도 한계치 없이 높낮이가 확장되는 일은, 사실 매우 위험하다. 감정 과잉으로 에너지 쏠림 현상이 심해지니 피곤함이 배가 된다. 이성적 판단이 어려워진다. 쓸쓸함도, 허전함도, 억울함도, 과도한 자신감도 뿌리까지 흔들릴 정도가 되어서는 안 된다는 이야기다.

지금부터의 삶은 사회가, 남이 나를 어떻게 대하느냐보다 내가 나 자신을 얼마나 잘 조절하느냐의 싸움이 아닐까. 좋고 나쁜 감정의 균형을 맞추지 못하면 한쪽 감정에 치우쳐 충분히 해결 가능한 일에도 흔들리거나, 심각한 일에도 제대로 그 상황을 깨닫지 못하게 된다. 나쁜 선택, 나쁜 결론을 내릴 확률이 높다는 것이나. 공자의 말처럼 기뻐하되 거기에 빠지지 않고, 슬퍼하되

정신을 못 차릴 정도가 되지 않아야 한다.

"남편이 자꾸 드라마 보면서 울어. 울 장면이 아닌데 울어. 이상해."

"같이 장 보러 가는 것까지는 좋은데 이것저것 어찌나 간섭이 심한지. 이거 사라, 저거 사라, 이젠 같이 가기 겁난다니까."

친구들은 남편이 자꾸 이상하다고 하고.

"아내가 자꾸 겁이 없어져. 주식으로 재미를 좀 보더니 어제는 휴대폰에 코인 앱을 깔았다는 거야. 아주 불안불안해."

"우리 집사람은 자꾸 어딜 그렇게 나가네. 산도 나보다 잘 타. 얼굴 보기가 힘들어."

"아내가 얼마 전부터 박사과정에 등록해서 공부를 시작했어. 그 나이에 공부해서 어디에 써먹으려는 건지, 나 참."

지인들은 아내가 자꾸 과감해진다고, 생전에 하지 않던 일을 한다고 말한다.

지쳐도 지치면 안 된다고 다짐하며 살아온 사람들은 그동안 눌러온 연약한 감정들을 꺼내보는 중일 것이고 나보다는 가족 돌보는 일에 마음을 다했던 사람들은 밖으로 나가 어딘가에 숨어 있을 자신을 찾아 힘껏 유영하는 것이겠지. 드라마를 보며 눈물을 흘리는 남편도, 산에 오르는 부인도 한곳에 휩쓸리지 않기 위해 균형을 맞추고 있는 것이리라.

원래 우리의 몸속에는 건강한 소년도, 감성적인 소녀도, 본능에 충실한 동물도, 가냘픈 식물도 살았을 것이다. 지난 시간, 본능과 욕망에 충실한 동물이 나머지 캐릭터들을 집어삼켜 그 균형을 깨뜨리거나 해맑던 소년과 소녀가 너무 작은 권력과 돈에도 온몸을 숙이고 머리를 조아리며 마음에 상처를 입었을 것이다.

이제 역할을 좀 바꿔볼 차례다. 잠자고 있던 식물을 깨워 조용히 양지에 앉아 광합성을 하는 게 좋겠다. 물과 햇빛만으로도 뿌리를 내리고 꽃을 피우고 과실을 맺는 그 은근함과 평온함을 길러야 하겠다. 과소비는 무엇이든 나쁘다. 기쁜 마음, 슬픈 마음, 화, 걱정, 불안 등 모두 햇볕에 바싹 말려 필요할 때만 따뜻한 물에 우려내서 천천히 호로록 바람 불며 마시는 것이 좋겠다.

사실에 집중하기

극적인 것을 경계해야 마음도 평온해지고 문제 해결도 가능해진다. 어떤 일이든 감정에 휩쓸리기보다 문제의 인과관계를 냉철하게 파악하는 것이 좋다. 사실관계가 명확하면 지나친 감정이 개입될 틈이 없으니. 나이가 들수록 느낌이나 경험에 의존하기보나 사실에 집중해야 한다.

성장과 변화를 볼 수 있는 꾸준한 일

몸을 적당히 움직이면 긍정의 기분이 강화된다. 매일 조금씩 몸을 움직이는 일, 되도록이면 성장과 변화를 직접 볼 수 있는 일을 꾸준히 하는 것이 좋다. 반려식물을 키우고 반려동물과 함께 산책하는 등의 규칙적인 일은 높낮이가 큰 감정이 끼어들 틈을 주지 않는다.

대화와 연결

사람들과 만나서 이야기하다 보면 지금 내가 겪는 일이 별것 아니라는 것, 남들도 그 정도쯤은 어렵게 산다는 것을 알게 된다. 사람들에게 좋은 해결책이나 직접적인 도움을 주기도 하고 받기도 한다. 혼자 해결하려고 하면 숨기게 되고 아닌 척하게 되고, 그러다 자괴감에 빠지고 자신을 원망하게 된다. 나의 짐을 나누는 것은 '말하는 것'이라고 하지 않는가. 말문부터 트는 게 좋겠다.

"이제 그만 좀 하시지."

요리에 재미도 붙고 자신감도 붙은 나는 자꾸 음식을 하고 누구에게든 나누고 싶다. 처음으로 만든 음식이 생각보다 맛있다며 자꾸 소분(小分)해서 이리저리 주변에 배달한다. 그것도 상대에겐 부담이 될 수 있다고 남편은 적당히 하라고 한다.

"야, 이거 먹어. 이거 맛있어."

사실, 남편은 증상이 더 심하다. 무심한 아들들한테 자꾸 먹어보라고, 자신이 좋아하는 음식을 밀어놓는다.

"야, 이거 입어. 아빠가 샀는데, 너 입어."

뭘 자꾸 나누려는 이 증상은 감정 과잉의 무슨 증상일까?

INTENNA

Q : 나는 기쁨, 슬픔, 분노, 공포, 혐오, 불안, 화 등 감정의 균형을 잘 맞추고 살고 있나요? 아니라면 어떤 감정이 들쑥날쑥하나요?

_____

_____

_____

Q : 오늘 하루는 어땠나요? 화, 불안, 기쁨, 슬픔, 즐거움, 행복 중 어떤 감정이 가장 컸나요?

_____

_____

_____

_____

Q : 감정 조절이 안 될 때, 어떻게 마음을 달래나요?

_____

_____

_____

5장

아직도 부족한 것은 채우자

나다움이라는
장르

    교생실습을 나가기 전, 오렌지색 캐주얼 정장에 하얀색 양말, 운동화를 신고 학교엘 갔다. 뽀글머리에 달랑이는 큰 귀걸이도 걸었다. 처음으로 화장도 정성껏 했다. 친구들은 경악하며 양말을 벗기고 학교 앞에서 구두를 사 신겨주었다. 다음 날에는 하얀색 긴 치마에 물방울무늬의 남색 블라우스를 입었다. 친구들은 치마의 허리춤을 몇 번이나 접어 7부로 만들어주었다. 그렇게 몇 번의 연습과 교정 후에 배정받은 고등학교로 교생실습을 나갔다.

    요즘 TV에서는 옷 좀 입는다는 연예인들이 정장에 운동화를 신고 나온다. 그래, 바로 이거야. 30년 전, 나의 아방가르드한 취향이 이제야 인정을 받다니.

"넌 그때 온통 오렌지색이었어. 운동화가 문제가 아니라 '썬키스트 훼미리 주스 병'이 걸어오는 것 같았다니까." 친구들은 끝까지 냉철했다. 졸업할 때가 다 되어 처음 입어보는 정장이었으니 패션이고 취향이고 논할 만한 주제도 되지 않던 시절이었다.

그런 촌스러운 시절에도 친구 K만은 달랐다. 모두가 통굽 구두를 신고 나팔 청바지를 입고 다닐 때 단발머리에 트위드 재킷과 바바리코트, 자카드 원단의 치마와 바지를 즐겨 입었다. 백파이프를 부는 스코틀랜드의 소년 같았다. 고등학교 친구 H는 북유럽풍의 옷을 즐겨 입었다. 에스토니아나 덴마크, 스웨덴의 예쁜 인형 같았다.

회사 동료 Y는 쉬는 날은 어김없이 카레이싱을 하러 갔다. 호방한 성격에 느릿한 말투, 늘 웃는 얼굴을 띠고선 어떻게 그런 무지막지한 스피드를 즐기는지. 친구 E는 빈티지 그릇을 한두 개씩 사 모은다. 새 그릇에 새로운 음식을 하나씩 올려놓는 재미가 쏠쏠하다고 했다. 변변한 옷은 없어도 그릇만큼은 작은 전시를 할 정도가 된단다. 웃을 때면 살구꽃 느낌이 나는 편집자 Y도 토끼 문양의 식기류를 사 모은다. 술을 따르면 토끼가 목욕하듯 몸을 담그게 되는 신기한 잔도 가지고 있다. 식탁보는 예쁜 토끼들이 '나란히 나란히'를 하고 있는 그림이다. 말 그대로 토끼 덕후다.

그들의 이런 아취◆는 얼굴이나 함께 일했던 모습, 분위기보다 오래 기억에 남아 그들을 규정하는 브랜드가 된다.

일도 마찬가지다. 남들이 하던 대로 하는 사람들 말고 뭘 해도 다르게 하는 사람들이 있다. '이날치'와 '앰비규어스 댄스 컴퍼니'가 합동으로 꾸민 〈범 내려온다〉를 처음 봤을 때, '아마도 이자람 밴드'의 공연을 봤을 때도 '좀 다르다'는 느낌, 핫하고 힙함을 넘어서는 강한 울림이 있었다.

이자람은 우리 세대에게 "예솔아, 할아버지께서 부르셔~ 예, 하고 대답하면~"으로 유명한 소녀다. 스무 살에 춘향가를 여덟 시간 동안 완창하면서 세계 기네스북에 올랐고 지금은 포크록 밴드인 아마도 이자람 밴드에서 보컬이자 기타리스트로 활동하고 있다. 방송 디제이, 가야금 연주자로 활동하는 등 판소리에서 머물지 않고 진정한 소리꾼이 되기 위해 부단히 도전 중이다.

이자람은 판소리 〈노인과 바다〉 창작 노트에서 샤워하는 순간조차 마음속은 크고 작은 싸움으로 바쁘고 그 모든 싸움은 자신에게 원하는 것이 무엇이며, 그것을 원하고 있는 자신은 어떤 얼굴을 하고 있는지 묻는다고 했다. 마음껏 소리하고 싶다는 말이다. 그래, 이것이 바로 남과 다른 것을 만들어가는 '이자람'

◆ 고아한 정취. 또는 그런 취미.

이라는 장르가 아니겠는가.

그렇다면 내겐 어떤 취향이 있던가. 타인이 나를 기억할 때 떠올리는 것은 무엇일까. 막상 적당한 것이 생각나지 않는다. 물건은 비용과 쓸모, 만족도를 종합해서 가장 적당한 것을 고르는 편이고, 일은 세상 다수가 그런 것처럼 회사원으로서 주어진 일에 열심이었으나 특별할 것은 없었다. 스코틀랜드나 북유럽의 취향으로 각인된 것도 아니고, 이자람처럼 나만이 할 수 있는 장르를 만들지도 못했다. 많은 사람이 그러하듯, 최고가 아닌 최선의 삶을 살았으니 대체로 취향에 열등하다.

희소가치가 있는 옷과 장신구를 좋아하는 것도 아니고, 외국 유명한 여행지의 이름을 어색하지 않게 외우지도 못하고, 형형색색 옷을 입고 공을 치거나 숙성된 와인을 즐길 만한 안목도 없다. 특별히 선호하는 음악이나 미술, 영화 장르도 없다. 그러니, '나이가 들면 이 정도의 취향은 보여줘야지'라는 은연의 표현에 기가 죽기도 한다.

열등감 때문이겠지. 바닷속을 유영하는 거대한 물고기 떼처럼 한 방향으로 우르르, 또 반대 방향으로 우르르 몰려다니면서 지금은 이것에, 다음은 저것에 열광하는 것이 불편하게 느껴지는 건. 게다가 좋은 음식, 비싼 옷, 화려한 취미를 가지는 것이 나이 듦의 위로라고 생각한 건지, 지금 우리는 모두가 비슷해지고 있지 않은가. 굳이 남들과 같아지기 위해 무엇을 선호(選好)하는 일에 마음과 시간을 다할 필요가 있을까? 오렌지색 썬키스트 병이었던 시절에 오히려 나다움의 취향이 있었던 것도 같고.

얼마 전부터 엄마에게 물려받은 옷을 고쳐 입기 시작했다. 소매를 떼어낸다든가, 밑단에 고무줄을 넣는다든가, 장식을 붙이는 식이다. 그렇게 입고 나가니 동네 지인이 한마디 거든다.

"아이고, 특이하다. 이거 어디서 샀어요?"

"이거요? 40년 전에 '금강 패션'에서 산 거예요. 사실은 엄마가 입으시던 옷이에요."

괜히 으쓱해진다. 부모님 것이라는 자부심, 개조된 디자인에 대한 자신감 등.

요즘 MZ세대는 값비싼 브랜드가 아니라 갖기 어려운 아이템을 누가 얻는가가 과시와 차별화의 요소가 된다고 한다.◆ 경제적 지불 능력만으로는 얻을 수 없는, 희소한 상품을 얻는 소비자의 능력을 '득템력'이라고 부른다고. 남들과는 다른, 구하기 어려운 것을 얻음으로써 생기는 '차별화'의 느낌뿐 아니라 그 과정 자체를 즐긴다는 것이다. 물론 MZ세대의 득템력이란 한정판 운동화, 굿즈 같은 것들이지만 내가 입은 엄마의 옷은 그런 점에서 차별

◆ 《트렌드 코리아 2022》, 김난도 외 지음, 미래의창, 2021.

화의 최고봉 아니겠는가. 나의 트렌드를 당신이 모르는 것이 요즘의 트렌드라고 하지 않던가.

나는 아프리카 오지 마을도 가보고 싶고 외국어도 새로 배우고 싶고 찢어진 청바지에 워커를 신고 은회색 머리칼을 해보고도 싶다. 완전 육식주의자인 '카니보어(carnivore)'와도, 완전 채식주의자인 '비건'과도 같이 식사해보고 싶다. 아직은 굳어져 고체가 되고 싶지도 않고 기체가 되어 날아가고 싶지도 않다. 여전히 해보고 싶은 것이 많다.

취향이나 장르에 대한 고집은 그다음의 일이다. 아직 시간은 많다.

알아가는 중, 선택하는 중

"왜 그런 거부감을 가지고 있어? 너의 틀부터 깨. 알지 못하니까 즐길 수 없는 거야."

친구 L은 카니보어의 식사는커녕, 아프리카는커녕, 남들이 하고 사는 것에 큰 편견 없이 시도부터 하라고 잔소리를 했다. 자연 파괴니 뭐니, 이상한 소리는 집어치우라고 말이다.

얼마 전부터 와인에 대한 책을 읽고 있다. 와인 이름은 돌아서면 까먹고 돌아서면 또 까먹는다. 폭탄주에 익숙한 입맛이라 맛을 봐도 아직은 품종별로 세밀한 차이를 잘 모르겠다. 하지만, 알아가는 중이다. 배워가는 중이고. 언젠가는 나에게 맞는 것을 선택할 수 있을 것이다.

학문의 장르를 찾아서

한동안, 주말마다 가족들과 대학교 캠퍼스 투어를 다녔다. 대학교를 다닐 때 학교신문 만드는 일을 했던지라 비교적 많은 캠퍼스를 방문했지만 상전벽해(桑田碧海)라는 말이 실감 났다. 예전의 대학교 캠퍼스들이 아니었다.

대부분 대학교 건물이 석조물의 고딕 양식이지만, 르네상스 양식의 건물도 있고 우리나라 전통 양식의 고풍적인 건물도 있고 현대적인 빌딩으로만 지어진 학교도 있다. 이런 건물은 학교의 분위기, 학생들의 성향과도 어딘가 닮아 있다.

코로나19로 퐁당퐁당 학교에 가는 아이들에게 학문의 전당을 보여주고 양식을 얻게 하려는 계획이었는데 옛날 추억으로 어른들이 더 즐거웠다. 어떤 양식을 나의 양식으로 만들어가야 하나. 르네상스? 고딕? 바로크? 아방가르드? 모던?

"그게 어디 내 취향이었겠니. 우리 엄마 취향이었지. 그 나이에 취향이 어디 있었겠어. 엄마 대신 내가 에스토니아 인형이 되어드린 거였지. 근데 그게 또 웃기게도 내 취향이 되더라고." 친구 E가 말했다.

인사동에서 생활한복과 두건을 사서 집에서 며칠 동안 입었다. 편하고 넉넉해서 마음에 들었다. 그런데 가족은 질색이다. 나이 들어 보인다며 계속되는 타박에 결국 벗어야 했다. 취향 만들기 한번 어렵다. 훼방꾼이 너무 많다.

생각해보니, 엄마였다. 엄마는 간혹 누빔 생활한복을 입었다. 한 번 입어보고 싶다고 하면 너희들은 하늘거리는 예쁜 원피스를 입으라며 손사래를 치셨다. 그런데 난 늘 누빔 생활한복이 그렇게 탐이 났었다.

INTENNA

Q : 나는 (   )에 (   )한 취향이 있다.

Q : 닮고 싶은 취향을 가진 사람이 주변에 있나요?

_____

_____

_____

_____

_____

Q : 나다움이란 무엇일까요? 나를 표현하는 단어 5개를 떠올려보세요.

_____

_____

_____

_____

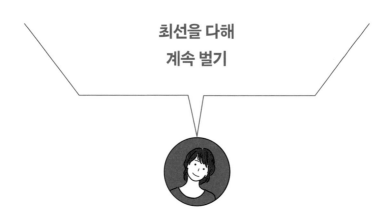

최선을 다해
계속 벌기

뽀글머리 춘희는 액자 유리에 비친 자신의 모습을 보며 혼
잣말을 한다. 사랑이 처음부터 풍덩 빠지는 것인 줄로만 알았
지, 이렇게 서서히 물들어버리는 것인 줄은 미처 몰랐다고. 영화
〈미술관 옆 동물원〉에 나오는 장면이다. 20대 중반의 심은하도,
스토리도 너무 예쁜 영화였다. 이 영화를 만든 이정향 감독이
2019년 한국 영화 100년을 기념한 '100×100 프로젝트'에서 100
초 단편영화 〈100원의 무게〉를 선보였다. 영화 〈집으로〉 이후 오
랜만에 들리는 신작 소식이라 찾아보니 정말로 딱 100초짜리 초
단편 영화다. 스토리는 이렇다.

한 청년이 자판기 앞으로 다가온다. 옆에서는 폐지를 줍는 할

머니가 쓰레기 더미 속에서 누군가 남긴 일회용 잔 안의 얼음을 빈 물통에 담아 마신다. 그는 이 광경에 비위가 상한다. 청년은 자판기 속의 깨끗하고 청량한 음료수를 뽑기 위해 돈을 넣다가 100원짜리 동전을 떨어뜨리고, 그 100원은 음식물 쓰레기에서 흐른 라면 국물에 떨어진다. 청년은 더러운 곳에 떨어진 100원을 줍지도 못하고 돈이 모자라 음료수를 뽑지도 못하고 전전긍긍한다. 그때, 할머니가 다가와 말없이 깨끗한 100원을 내민다. 그러고는 라면 국물에 떨어진 100원을 주워서 쓱쓱 닦아 주머니에 넣고 폐지가 담긴 리어카를 밀고 사라진다. 그렇게 100초 영화는 끝.

껌 한 통도, 자판기 커피 한 잔도 오롯이 살 수 없는 100원. 땅에 떨어져 있다고 해도 아무도 개의치 않는 100원의 가치. 그럼에도 할머니는 그 소중함을 알기에 쓰레기 속을 뒤지는 것도 마다하지 않고 차마 더러워진 100원을 줍지 못하는 청년에게 자신이 가진 깨끗한 100원을 내민다. 5그램 무게의 100원짜리 동전을 매개로 할머니와 청년은 말 없는 거래, 대화를 나눴다.

최근에 주식, 비트코인, 부동산으로 '억 소리' 나는 돈을 번 사람들의 소식을 간간이 접한다. 평생 벌어도 접할 수 없는 돈을 짧은 기간에 번 사람들의 이야기를 들으면 그들의 노력이나 우여곡절은 생략되고 부러움에 몸살을 앓는다.

그런 '흐름'이라도 쫓아야겠다는 생각에 아침에 일어나 신문을 읽고 주식 차트를 보기 시작했다. 숫자에 어둡고 겁이 많아 투자보다는 저축의 가치를 따르는 편이었는데 주변 사람들이 주식, 비트코인, 부동산을 화제로 올리니 무엇이라도 해야 할 것 같은 압박감이 느껴졌다.

"야, 무노동으로 버는 거 아니야. 엄청난 불안감, 피로감과 싸워 이겨야 하고 이리저리 정보를 찾아서 분석해야 하는 일이야. 나도 몇 달을 공부하니까 이제야 겨우 방법이 보여. 육체적으로도 정신적으로도 분명 노동이야." 주식에서 나쁘지 않은 수익을 올린 친구 P는 금융소득은 뭔가 불로소득 같은 느낌이 든다는 나의 말에 이렇게 대답했다.

'일하지 않는 자여 먹지도 말라'던 시대에 학창 시절을 보내서 그런지 지나치게 근로소득의 가치를 신봉한다. 아니다. 자꾸 가난해지는 기분 때문이다. 몇천만 원, 몇억 원을 벌었다는 이야기는 상대를 '벼락 거지'로 만든다. 아니, 아무것도 하지 않는 게으름뱅이로 만든다. 그러니 괜히 부아가 나서 딴지를 거는 것이다. 그런데 해외 주식시장에 투자한 지인은 밤낮을 거꾸로 사는 것 같다고 하고, 비트코인에 투자한 후배는 한 시간만 보지 않아도 가격이 치솟고 곤두박질치니 눈을 뗄 수가 없다고 하니 분명 불로소득이 아닌 것 같긴 하다.

"사실 우리는 돈의 쓰임새, 가치, 수익을 내는 여러 방법을 너무 모르고 살았지. 이념, 가치, 도덕 같은 정신적인 것에 우선순위를 둔 교육만 받아서 경제관념이 턱없이 부족했어. 요즘 애들은 다르더라. 학생 때부터 투자를 하더라고." 친구 K가 말했다.

부동산 값이 천정부지로 치솟아 월급만 모아서는 집 한 채 살 수 없는 요즘, 청년들은 근로소득보다 금융소득을 먼저 경험한다. 주식, 비트코인에 자신감이 붙으면 선물, 옵션과 같은 전문가가 다루는 고위험 상품에도 손을 댄다고 한다. 이걸 긍정적으로 생각해야 할지, 슬퍼해야 할지 판단이 서질 않는다.

"취업이 안 되잖아. 근로소득을 먼저 경험하고 싶어도 할 수가 없으니까. 그래서 학자금이라도 갚을 생각에 위험한 투자부터 하는 거겠지. 일할 기회를 만들어주지 못한 우리가 미안해해야지. 애들한테." 친구 J도 거들었다.

세상의 수많은 가능성을 배우고 경험하며 이상(理想)을 고민할 나이에 부동산, 암호화폐, 주식 등의 재테크로 세상을 배워간다는 게 안타깝기도 하지만, 우리 세대처럼 돈의 가치를 너무 늦게 깨닫는 것보다는 낫겠다는 생각으로 위안을 삼는다. 경제적 능력과 자립은 자의식, 정체성, 인간다움, 예의, 친절, 여유 등 그 모든 것을 담고 있지 않은가. 빨리 취업 환경이 나아져서 청년이란 이름표를 단 모든 이가 학자금이나 생활비로 고통받지 않고 근로소득과 금융소득을 골고루 경험하게 되길 희망한다.

예전에는 대개 50대 중후반에서 60대 초반 사이에 퇴직을 경험했다. 그런데 최근에는 정년 연장에도 불구하고 퇴직 연령이 점점 낮아져 퇴직자 절반 이상이 40대 후반과 50대 초반에 장기간 근속한 직장을 그만두는 것으로 조사됐다. 퇴직은 '생전에 치르는 장례식'[*]이라는 말이 있을 정도로 사회에서 쓸모가 다한 사람이라는 정서적인 우울감을 동반한다. 퇴직하게 되면 명함도, 자리도 잃지만, 무엇보다 '월급'을 잃는다. 경제적인 빈곤, 압박감이 정서적 우울감의 가장 큰 범인이다. 집을 장만하느라 빠듯하게 살았고 출산이 늦어 아직 자식은 한창 공부할 때이고 부모님, 본인 병원비가 늘어나니 소득과 지출이 서로 역전하는 건 불 보듯 뻔한 일이다. 인생에서 제일 좋지 않은 것이 초년 성공, 중년 상처(喪妻), 노년 빈곤이라는데 초년에 성공하지 못했고 중년에 상처하지 않았으며 노년에 빈곤하지만 않는다면 그나마 크게 무리 없는 인생이 되겠지만, 요즘 같은 상황이라면 노년 빈곤을 피해 가는 건 쉽지 않겠다.

노후 걱정 없는 50대 퇴직자는 오직 8퍼센트뿐이라는 기사를 보았다. 다시 취업 전선에 뛰어든 퇴직자 열 명 중 재취업에 성공한 사람이 네 명, 자영업을 시작한 사람이 두 명, 경제생활을 하지 않는 네 명도 그중 3분의 2가 구직 중이거나 창업 계획

◆《끝난 사람》, 우치다테 마키코 지음, 박승애 옮김, 한스미디어, 2017.

이 있다고 한다. 모두가 돈을 벌기 위해 애쓰고 있다. 경제적 곤란은 청년만의 문제가 아니다.

"일주일 전부터 출근했어. 여기 일이 좀 어려운데, 적응하고 나면 괜찮겠지. 재밌고 보람 있을 것 같아. 이렇게 할 일이 있다는 것도 얼마나 감사한지 몰라."

친구 L은 얼마 전부터 병원 영양사로 다시 출근하기 시작했다. 갱년기로 몸 상태가 엉망진창이지만 기존의 식단표를 과감하게 버리고 맛있고 영양가 좋은 병원식으로 병원의 분위기를 바꾸는 데 성공했다고 했다. 무엇보다 싹 비워진 그릇들과 게시판에 적힌 환자들의 감사 글, 새로운 음식에 도전하는 재미를 느끼게 되었다고 말하는 조리사들의 얼굴을 보면 일하느라 아픈 손가락이 다 낫는 것 같다고 한다.

"몇 달 전부터 쇼핑몰 준비하느라 바빴어요. UX◆를 편하게 해야 하니 프로그래밍도 손보고 결제 프로세스도 배우고, 옷 수급부터 배송까지 익숙해지려니 힘드네요. 이제야 좀 정신을 차렸어요."

비슷한 연배의 동네 지인은 얼마 전 인터넷 쇼핑몰을 개설했다. 제대로 잠을 자지 못해서 입술이 부르트고 얼굴이 까칠해졌

◆ User Experience. 사용자가 어떤 시스템, 제품, 서비스를 직·간접적으로 이용하면서 느끼고 생각하게 되는 지각과 반응, 행동 등의 총체적 경험.

다고 하지만 표정만큼은 환해 보였다. 배우는 재미, 익숙해지는 과정을 즐기는 것 같았다.

다들 부지런히 돈을 벌러 다닌다. 투자를 하고, 창업을 준비하고, 단기 알바도 마다않으며 발품을 판다. 적자 인생의 초입에서 눈높이와 자세를 낮추고, 일할 수 있는 것에 감사하며 열심히 일을 한다. 비로소 '돈'과의 솔직한 대화를 시도 중이다. 그 어느 때보다 돈의 소중함을 깨달아 가는 중이다.

"출퇴근에 지치다 보니 세상을 너무 모르고 산 것 같아요. '돈, 돈' 하고 사는 사람들 싫어라 했는데 그게 아니란 걸 알았어요. 돈에 대해 솔직하지 못했던 것 같아요."

나와 MBTI 유형이 같은 후배 K는 서학 개미가 되었고, 공인중개사 시험을 준비 중이며, ETF와 연금저축에 가입했다고 했다. 평생 교육을 업으로 삼고 음악을 사랑하며 우아하게 살아온 중년 남자도 얼마 전부터 주식을 시작했다며 휴대폰 앱을 보여 준다.

"그 오랜 시간 회사 다니면서 전 뭘 했나 모르겠어요. 내 삶에 너무 무책임했던 건 아닌가, 후회가 돼서 한동안 심하게 앓았어요. 다들 전세금 담보대출이라도 받아서 투자하고 있는데 혼자 살면서 뭘 하고 있었나, 그렇게 허망할 수가 없더라고요. 혼자 맞이해야 하는 노후에 돈까지 없으면 얼마나 초라할까요."

옛 동료는 뒤늦게 돈에 눈을 뜨게 된 것이 너무 후회된다고 했다. 세금도, 부동산도, 투자 방법도 잘 모르는 것이, 아니 모르려고 애쓰듯 살아온 것이, 아니 막연히 누군가 해줄 거라고, 나는 그렇게 퍽퍽하게 살지 않아도 하늘에서 운 덩어리가 떨어질 거라고 믿고 살았던 것이 너무 후회된다고 했다. 젊을 때 아득바득 살아야 나이 들어 우아하게 살 수 있는데 젊을 때부터 우아하게 사느라 나이 들어서는 속물이 되는 불행을 겪는 것이라고도 했다.

겁이 많아 어디에든 나서지 않았기 때문이었는지, 평생 낭비를 모르는 습관이 들어서인지 돈 때문에 영화에 나올 만한 흉한 일을 겪지 않고 살아온 것에 감사한다. 다른 걸 잃느니 돈을 잃는 편이 낫다고 생각했기 때문인지도 모르겠다. 옛 동료의 후회처럼 돈의 영향력을 애써 외면하고 살아온 셈이다. 그렇게 살아와놓고는 지금 와서 돈의 뜨거운 맛을 알게 될까봐 사실 두렵다. 아니, 지금까지는 어찌해서 그런 자세로 살았다 해도 온통 돈으로 유지해야 하는 것이 태반인 노년의 삶이 비참해지지 않으려면 지금이라도 적극적인 자세로 임해야겠다고 결심한다. 몰라서, 그래서 어려워지는 건, 다른 것을 누릴 권리까지도 잃는 중대한 결격사유니까 말이다. 친구는 구체적인 재테크를 공부하기 전에 그런 마인드부터 바꾸라고 엄중히 경고했다.

"일하는 건 돈 때문이기도 하지만 꼭 그렇지만은 않아. 말이 좀 이상한데, 은퇴 후 하루 24시간에서 먹고 자는 시간, 휴식 시간을 빼면 대략 열한 시간이 남아. 60세에 은퇴해서 100세까지 산다고 가정해보자고. 너무 오래 사나? 그래도 최대한 그렇다고 생각하면 여유 시간만 대충 16만 시간이 넘어. 그 시간을 온통 취미로 쓸 수는 없잖아. '1만 시간의 법칙'으로 보자면 세계 최고가 될 기회가 열여섯 번이나 남았는데 말이지. 어쨌든 지금 나에겐 일이 필요한 것 같아."

이렇게 말하고 있는 나는 아직 철없는 피터팬일지 모르겠다. 피터팬이 행복할지 워런 버핏이 행복할지는 잘 모르겠지만 노년에 돈 때문에 장발장 신세가 되어서는 안 된다는 데 동의한다.

흐름을 이해하는 공부부터

집 책꽂이를 살펴보니 경제나 투자법 관련한 도서가 한 권도 없다. 꾸역꾸역 남겨둔 경영학 전공 서적을 제외하고는 죄다 심리학 도서와 소설책이다. 대학교 도서관의 대출 인기도서 열 권 중 여섯 권이 재테크 관련 서적이라는데 이 속도라면 청년들과 말 상대도 안 될 판이다. 예부터 부자는 가족끼리 돈, 투자 이야기가 자연스럽고, 빈자의 집에서는 돈 이야기를 금기에 천박한 것으로 여긴다고 한다. 부자는 사촌이 땅을 사면 축하해주고 어떻게 샀는지 정보를 공유하지만, 빈자는 사촌이 땅을 사면 배아파하고 서로 헐뜯고 욕하기 바쁘다고 한다.

지인은 몇 달 동안 유튜브와 책으로 밤새워 재테크를 공부하다가 지쳐 쓰러졌다.

"재테크 공부는 당장 어느 한 분야에 투자해서 돈을 벌겠다는 욕심이 아니라 경제적 관념을 가지고 세상을 보려는 마음, 흐름을 이해하겠다는 목표를 잡고 시작해야 해. 살아온 날들이 있으니 젊었을 때보다는 쉽게 이해가 될 거야. 그런 다음 선택을 하는 거지. 앞으로 내가 무엇으로 돈을 벌지, 아니 과연 벌 수 있을지 없을지부터 판단해야지."

현재의 분석까지

"세상에 돈을 버는 방법은 너무도 많지. 투자만이 최선은 아닌 것 같아. 물가와 세금을 생각해보면 절약, 절세도 엄청난 소득이지."

투자의 피곤함 때문인지, 친구 P는 부침이 심한 투자를 하고 스트레스를 받으니 현재 소유하고 있는 것을 평가하고 재정리하는 것이 민지라고 소언한다.

"금융소득에 관심을 가질수록 '20 대 80 법칙'*이 진리라는 생각이 들어. 일하는 기쁨을 따진다면, 네 말이 맞아. 아무리 보상이 적어도 근로소득 쪽이 더 나은 것 같아."

◆ 재산 상위 20퍼센트가 전체 부의 80퍼센트를 차지한다는 법칙.

오랜만에, 실로 오랜만에 명동엘 갔다. 크리스마스가 가까워진 거리에는 제법 사람들의 온기가 느껴졌다. 어디선가 캐럴이 들려왔다. 어린 여자아이의 노랫소리였다. 빨간색 산타복을 입은 아이는 추운 기색이 역력했지만, 구세군 자선냄비로 사람들을 모으기 위해 열심히 노래를 불렀다.

"감사합니다."

냄비에 얼마간의 돈을 넣자 소녀는 옆에 서 있는 부모님인 듯한 분들과 함께 밝고 힘찬 목소리로 인사한다. 겨우 몇천 원이었는데, 손이 부끄럽다.

쓰레기 더미에 떨어진 100원을 아무렇지도 않게 주워 쓱쓱 닦고 자신이 가진 깨끗한 돈을 내어줄 수 있는 것. 부지런히 벌어서 구세군 냄비에, 거리 악사들의 모자에 주저 없이 큰 금액을 넣는 것, 돈은 그런 것이 아니겠는가.

개처럼 벌어서 정승처럼 쓰라는 옛말이 틀린 게 하나도 없다.

INTENNA

Q : 내가 부자라고 생각될 때는 언제인가요?

_____

_____

_____

_____

Q : 내가 가난하다고 생각될 때는 언제인가요?

_____

_____

_____

_____

Q : 나에게 돈이란 무엇인가요?

_____

_____

_____

_____

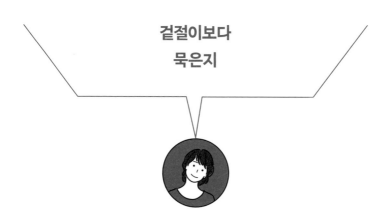

겉절이보다
묵은지

당연히 알고 있어야 하는 것을 모르는 순간이 있다. 원래 몰 랐는지 잊은 건지 헷갈리기도 한다. 아이들이 커가면서 꽤 수 준 높은 질문을 해올 때, 사는 데는 필요 없지만 성숙한 어른이 라면 당연히 답을 해줘야 하는 것에 어떻게 대답해야 할지 모를 때, 내가 이런 것도 몰랐었나, 당황스럽다. 한계를 깨닫는 순간이 한두 번이 아니다.

'현학'에의 강박 때문에, 남에게 보여주기 위해서, 인정받기 위해서 그때그때 인스턴트처럼 취한 정보들이 그사이 휘발된 건 가? 아니지. 태생적으로 기억력도 좋지 않고 술도 많이 마시고 전신마취 경험도 몇 차례 있고 나이도 들어서 그럴 거야. 나를 위로한다.

이유야 어찌 되었든 이렇게 뭘 모르는 채로 살면 절체절명의 순간, '무지' 때문에 살아남기 힘들 수도 있겠다는 위기감이 든다. 더 좋은 기회가 와도 기회인지 모르고 지나쳤던 젊은 시절의 잘못을 반복할지도 모른다. 정확하게 판단하지 못해 누군가에게 직간접적으로 피해를 줄까도 두렵다. 나이도 많은데 무지한 건 더 위험한 일이니까.

"모르는 것은 꼭 선생님께 여쭤봐. 그냥 넘어가지 말고." 작은 아이에게 입이 닳도록 당부하는 말이다. "물으면 5분만 창피하면 되지만, 묻지 않으면 평생 창피해하면서 살아야 돼." 사실 이 말은 가장 먼저 나에게 하고 싶은 말일지도 모른다. 모르는 것을 묻는 솔직함보다 아는 것을 더 크게 아는 척하고 사느라 지금 얼마나 불편한가. 아이들만이라도 쉽게 휘발되는 앎이 아닌 제대로 된 지식을 쌓아가길 간절히 바란다.

공자는 아는 것을 안다고 하고, 모르는 것을 모른다고 하는 것이 진정한 앎이라고 했다. 노자 역시 알지 못한다는 것을 아는 것이 가장 훌륭하고, 알지 못하면서 안다고 하는 것은 병이며, 병을 병으로 알 때만 병이 되지 않는다고 했다. 즉 잘 모르면서 아는 척하는 것, 얕은 지식으로 생색내는 것은 일종의 '병'인 셈이고 그런 점에서 보자면 나는 환자다.

사회생활을 하며 '아는 척'의 '속도'가 매우 중요하다고 생각했다. 그래야 어디든 낄 수 있었으니까. 학문을 연구하는 자리가 아니라, 일을 완성해내는 자리였기에 그럭저럭 그런 속임수도 통했던 것 같다. 먼저 아는 척을 해놓고 뒤돌아 내용을 파악하기도 했다. 아니, 실제로도 대충은 아는 듯한 느낌이 들 때도 있다. 아는 척이 거듭되면서 생긴 부작용인데 스스로도 아는지 모르는지 그 경계가 모호해진다. 그러니 그럴싸한 말로 포장하고 생색내는 일에 익숙해진다. 어설프게 쌓은 지식은 '환영적 우월감'으로 발전했다. 내 실력이나 지식 수준을 실제보다 높게 판단함으로써 자신의 능력을 과대평가하거나 잘못된 결정을 내려도 그 실수를 알아차리지 못하게 되었다.♦ 오호통재라.

"학교 다닐 때 공부 잘하고 상위권 대학교에 간 친구들이 시간이 한참 지나서 만나보면 정말 머리가 좋았나 싶게 답답하고 뭘 잘 모르더라고요. 40대가 되면 지식이 평준화된다더니 그래서 그런 걸까요?"

회사 후배들과 오랜만에 가진 저녁 자리에서 H가 말했다.

"입력이 떨어져서 그런 것 같아. 학교 다닐 때는 배우는 내용이나 양, 시간이 모두 똑같으니 처리 능력이 좋은 사람들의 성적

♦ 더닝-크루거 효과(Dunning-Kruger effect). 능력이 없는 사람이 잘못된 판단을 내려 잘못된 결론에 도달하지만, 능력이 없어서 자신의 실수를 알아차리지 못하는 현상.

이 좋았는데 사회에 나오면 사람마다 입력이 천차만별이잖아. 독서의 양도 다르고. 누구의 지적 호기심이 크냐가 최종 지적 수준을 결정하는 거지. 결국 평생 공부가 중요하다는 얘기야"라며 또 아는 척을 했다.

"맞아요. 전공을 떠나 다양한 분야에 관심을 가지고 깊이 있게 꾸준히 책을 읽는 사람은 달라도 뭐가 다르더라고요. 그런 사람들의 말에 점점 더 귀를 기울이게 돼요. 졸업장은 종잇장에 지나지 않은 것 같아요." K가 말했다.

배움이 휘발되는 것은 어쩌면 뇌의 노화 과정에서 자연스러운 현상 아니겠는가. 모두가 잊는 과정에서 다시 채워 넣는 사람은 현상 유지가 될 것이고 그렇지 않은 사람은 기름이 바닥나 시동조차 걸지 못하게 되겠지. 그러니 딱히 자리를 차지해야 하는 부담감도 없고 숟가락을 얹지 않아도 되는 지금이야말로, 잊은 것은 채워 넣고 모르는 것은 배워갈 적기가 아닌가 싶다. 지금이 아니면 평생 짝퉁 신세를 못 면하지 않겠는가. 역사면 역사, 미술이면 미술, 심리면 심리, 경제면 경제, 분야를 정해서 차근차근 공부하다 보면 환영적 우월감이 아니라 진짜 우월감을 느낄 순간이 오겠지.

"방금 담갔는데 좀 드셔보세요." 이웃은 참기름 향 가득한 겉절이 김치를 내밀었다. 답례할 것도 마땅치 않아 후다닥 냉장

고에 있는 묵은지를 꺼내 물물교환을 했다. 각자의 식탁에 겉절이, 묵은지가 올랐고 우리 집 가족은 그 상큼한 맛에 그릇을 긁어댔다.

"우리는 묵은지를 넣고 등갈비찜을 해 먹었는데 진짜 맛이 예술이었어요."

이웃 역시 든든한 저녁을 먹었다고 전해왔다. 그리고 그날 저녁, 백신 탓인지 겉절이를 너무 맛있게 먹은 탓인지 에너지 음료를 마신 듯 한밤이 넘어서도 정신이 또렷했다. 결국 잠드는 걸 포기하고 철 지난 드라마 몇 개를 돌려보다가 밤을 홀딱 새버렸다.

'1'도 '아저씨' 같지 않았던 배우 원빈과 달리(물론 원빈 잘못이 아니다) 이선균 배우는 직장 생활에 찌든 아저씨의 모습을 현실감 있게 보여주었다. 국민 동생 이지은은 세상의 온갖 불행을 안고 태어나 마지못해 살아가는 얼굴을 하고 있었다. 소녀와 여인, 그 중간쯤의 얼굴이라고 해야 하나.

곪은 상처에 소금을 뿌리는 듯한 여주인공의 서글픈 사연보다 더 마음을 울렸던 건 불합리, 몰상식, 비리가 판치는 세상에서 박동훈 부장(이선균 분)과 그의 형제, 엄마, 후계 조기 축구회 친구들, 고물상 아저씨가 보여준 '찐어른'의 모습이었다. 사회에서 한 자리씩 하다가 '망한' 그들은 남의 슬픔과 불행에 함부로 소언하거나 비웃지도, 섣부른 위로를 하려 하지도 않았다. 그저 생판 모르는, 동생 부하 직원의 할머니 장례식을 위해 쌈짓돈을 털어 쓸쓸하지 않은 장례식을 치러줄 뿐이다. '그래, 드라마야, 드라마. 현실에서 어떻게 이런 일이 가능해'라고 생각했지만, 세상에는 남의 일에 깊게 공감하고 잘난 척하지 않으며, 대가 없이 남을 돕는 이들이 더러 있지 않은가.

근래 TV 프로그램 〈유 퀴즈 온 더 블록〉에는 이런 '아저씨'들이 자주 등장한다. 이문수 신부님은 한 청년이 굶주림으로 세상을 떴다는 소식을 접하고 나서 팔을 걷어붙이고 성북구에 '청년 밥상 문간'을 차린다. 김치찌개가 3000원, 밥은 무한 리필이다. 주머니가 가벼워도 걱정 없이 찾아올 수 있는 곳을 만들기 위해서 신부님은 오늘도 밥을 한다.

남해에서 '행복 베이커리'를 운영하는 김쌍식 사장님은 등굣길 아이들이 부끄러워하지 않고 마음껏 허기를 해결할 수 있도록 빵집 앞에 무료로 빵을 내놓는다. 아이들이 등교하는 시간에 맞춰 빵을 내놓기 위해 매일 새벽 5시 30분에 빵집 문을 열고 빵을 굽는다.

영하 20도를 오르내리는 한파 속, 서울역 광장에는 노숙인들을 위한 텐트가 설치되었다. 이 텐트는 노숙인들의 코로나19 치료와 한파 대책을 위해 어느 교회가 경찰의 협조를 구해 설치한 것이라 한다.

드라마에만 살아 있는 줄 알았던 아저씨들이 실제로 이 세상에, 우리와 같이 살고 있었다.

신부님, 제빵사, 목사님과 같은 분들이 있어 세상은 아직 살만하다고 말하는 일은 이제 그만해야 할 것 같다. 그렇게 편하게 앉아서 말만 하는 대신 〈나의 아저씨〉 속 조기 축구회의 일원들처럼, 신부님, 제빵사, 목사님처럼 무엇이라도 깊이 있는 일을 해야 하지 않겠는가.

지식을 쌓는 일도, 타인을 향한 관심도 가볍지 않고 진중해지길, 그래서 언젠가는 '나의 아저씨'의 대열에 서게 되는 날을 희망한다.

신문과 독서

신문을 열심히 읽는 편이다. 뉴스를 읽으면 정보에 밝아지고 지적 호기심이 솟아나지만 깊이 있는 의견이나 소신으로 발전하기는 쉽지 않다. 유튜브를 보고 쌓는 지식 역시 마찬가지다. 결과만 추려놓은 정보에 의존하면 세 문장 이하의 말솜씨를 벗어나기 힘들다. 반드시 독서가 필요하다. 하지만 독서만 하고 뉴스에 어두우면 지식이 연결되지 않는다. 정보 습득과 독서의 균형이 중요하다.

할 수 있는 것부터 실천하기

철학자 허버트 스펜서가 말했다. 교육의 최대 목표는 지식이 아니고 행동이라고. 촛불을 들든 끄든, 참여하고 실천하는 것이 진짜 아는 것 아니겠는가. 머릿속이 아무리 깊어지고 하고 싶은 말이 많아져도 행동하지 않으면 말짱 도루묵이다.

성북구 청년 밥상으로 점심을 먹으러 가려는 약속이 매번 펑크다. 배부른 사연을 주셨으니 기부금으로 음식값을 치렀다. 홈페이지에서 1분이면 간단하게 보낼 수 있다. 마음만 먹었는데 기술의 발전이 마음을 실천으로 이어준다. 울진 산불이나 우크라이나 전쟁 피해 등 이웃의 아픔을 함께할 방법은 의외로 많다. 할 수 있는 것부터 하면 된다. 이런, 또 설익은 아는 척이다.

경남 남해군 '행복 베이커리'. 아무리 마음이 뛴다 해도 당장 달려
갈 수 있는 거리는 아니다. 무슨 계획이 있었던 것도 아니지만 방
송이 끝나고 무작정 번호를 찾아 전화하니 '업주의 요청 또는 미
등록으로 인해 전화번호가 제공되지 않습니다'라는 글자가 뜬다.
빵 무료 나눔도 모자라 각종 단체에 1년에 2000만 원어치의 빵을
기부하신다던데.
얼마 지나지 않아 SNS에는 여행길에 행복 베이커리로 '돈쭐' 내려
간 사람들의 사진과 후기들이 올라왔다. 그리고 한 달 뒤, 다시 전
화하니 여전히 '업주의 요청 또는 미등록……'이라는 글자가 나온
다. 왜 전화번호도 없는 건지. 뭐라도 할 수 있는 게 없다.

난 여전히 겉절이, 빵집 사장님은 제대로 묵은지.

INTENNA

Q : 앞으로 나는 (   ) 분야의 지식을 더 쌓고 싶다.

Q : 어른으로서 타인에게 어떤 도움이 되고 싶은가요? 혹은 사회
　　에 어떤 기여를 하고 싶은가요?

_____

_____

_____

_____

_____

_____

_____

_____

_____

Q : 적어도 나는 (   )한 사람으로 살지는 않겠다.

6장

삶의 기준을 '나'로 하는
행복한 이기주의자

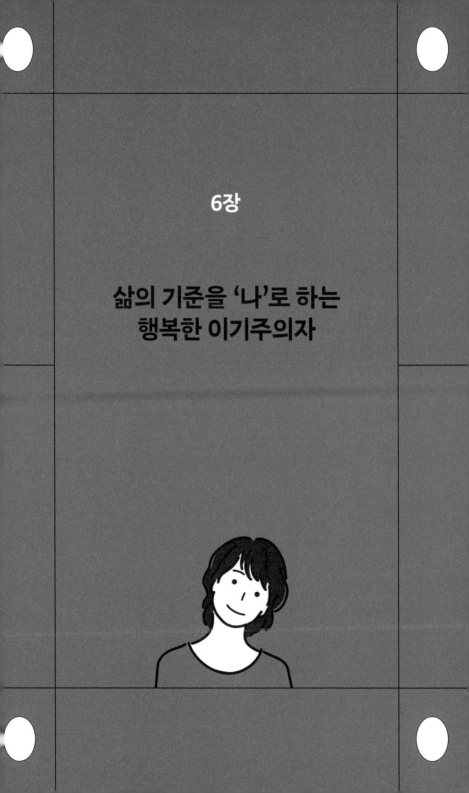

나는
자유로운가?

'99년 만에 가장 이른 벚꽃'이라는 기사가 쏟아졌다. 어디를 가든 벚꽃 천지다. 벚꽃뿐만이 아니다. 철쭉, 개나리부터 각종 들꽃, 야생화가 순서 없이, 한꺼번에 모습을 드러냈다. 무시무시한 기후변화 때문이라고 했지만, 그저 아름다웠다. 겨우내 땅속에 움츠리고 있다가 자기보다 몇백 배 무거운 흙을 밀어올리고 싹을 틔우는 생명력이라니. 강해서 더 아름다운 것이겠지.

포근한 햇살이 나른하게 내려앉은 아침, 아파트 주변을 산책하려 막 나서는데 뒷걸음질치는 남자와 충돌했다. 진한 땀 냄새가 훅 풍겼다.

"아이고, 죄송합니다."

서로 멋쩍어 허리를 굽혀 사과하는데 이제 막 '아저씨'라는 호

칭이 어울릴 만한 조금 앳되 보이는 그의 손에는 휴대폰이, 옆에는 택배 상자 몇 개가 놓여 있다.

"벚꽃이 너무 예뻐서 찍는다는 게 그만. 죄송합니다."

아침부터 얼마나 뛰어다녔는지 상의는 이미 땀으로 흠뻑 젖었다. 생계를 위해 여기저기 돌아다니는 가장 바쁜 시간, 이 '젊은' 중년 남자의 눈엔 벚꽃이 담겨 있다. 무표정으로 이어폰을 끼고 걷는 학생, 휴대폰에서 눈을 떼지 못하는 청년들, 수다로 바쁜 아기 엄마들 사이에서 그는 혼자만 정지하고 있는 드라마 속 주인공 같았다.

그렇게 앞서거니 뒤서거니 꽃들이 만발할 때 성북구립미술관 인근을 걸었다. 마침 설치 미술가 김승영 작가의 〈땅의 소리: 김승영〉 전이 열리고 있었다. 전시관에서 거리 갤러리로 이어지는 곳에 커다란 철문이 하나 놓여 있었다. 양쪽에 두 개의 문이 달린 설치미술 작품인데 한쪽 문을 열면 자신의 모습을 비추는 검은 거울이 나타나고 반대편 문을 열면 여러 가지 문구가 새겨진 적벽돌이 나타난다. '안과 밖, 또는 공간과 공간을 연결하는 문이 가진 본연의 기능을 상실하게 함으로써 우리의 현실 속에서 일어나는 소통의 문제에 대해 성찰해보는 시간을 갖도록 한다'라는 설명이 인상적이었다. 적벽돌에는 애정, 동경, 사랑, 기억, 삶과 죽음, 기쁨, 절망, 용기 등의 단어와 함께 '당신은 당신으로부터 자유롭습니까?'라는 문장이 쓰여 있다.

'나로부터 자유롭냐'라는 질문에 마음속에서 뭔가가 스르르 부서졌다. 나를 묶고 있는 건 나의 환경도, 가족도, 사회도 아닌 그래, 나였구나. 수많은 감정과 욕망과 현실의 벽에서 나를 묶어 둔 건 바로 나. 나에게서조차 자유로울 수 없다면 어떻게 세상의 것에서 자유로울 수 있을까. 안과 밖을 연결하는 문처럼 세상으로 나가는 통로에 내가 있는데 나는 과연 얼마나 가벼웠나, 여러 생각이 뒤섞였다.

"소속감이 사라지면 나의 존재도 없어지는 느낌이 들어. 책을 읽고 여행을 가고, 골프를 치는 것만으로는 마음이 허전해. 뭔가 충족되지 않는 허전함이 있어. 내가 놀 줄 모르는 바보라서 그럴까? 아무리 생각해도 나는 일이 좋아. 어딘가에 소속되어 일할 수 있다면 그만큼 행복한 것도 없을 것 같아. 삶을 즐길 줄 모르는 사람이라고 욕해도, 일 중독자라고 욕해도 할 수 없지. 나의 그릇은 이 정도인가 보네."

다들 골프 스코어를 자랑하고 풍광 좋은 여행지와 자전거 코스를 추천하고 있을 때, K 부장님은 시든 닭처럼 기운이 없어 보였다. 말은 하지 않았지만 다들 K 부장님을 야릇한 시선으로 쳐다보았다. '30년 넘게 일하고도 왜 또 일을 하고 싶다는 건지', '이제는 하고 싶은 취미를 즐기면서 쉬면 좋을 텐데', '사람이 어찌

저렇게 빡빡하게 사나' 하는 눈빛이었다. 그리고 그렇게 솔직한 자기 고백을 한 지 얼마 안 되어 K 부장님은 중견기업에 재취업이 되었다고, 너무 신이 난다며 근황을 알려왔다.

그런데 그런 생각이 들었다. 과연 어디론가 훌훌 떠나고 시간을 마음껏 쓰면서 인생을 즐기는 사람이 진짜 자유로운 사람일까? K 부장님은 결코 그런 삶을 부러워하지 않았다. 남들이 여유를 가지라고, 노년은 그래야 한다며 만들어놓은 틀에 갇히지 않고 일을 찾아 다녔고 결국 어디엔가 소속되었다. 그는 적어도 자신의 선택에 자유로웠다. 그리고 행복해했다.

문득, BTS의 멤버 뷔의 에피소드가 생각났다. 연습생 생활이 힘들어 아버지에게 전화해 "나 힘들어. 그만하고 싶어"라고 하니 아버지가 "힘들면 그만해도 돼. 그 므시라꼬*. 다른 직업 많으니 다시 찾아보자"라고 했더라는 것이다.

자유롭다는 건 남들이 뭐라 하든, 내가 원하는 것을 시작하거나 놓을 수 있는 것. 그리고 미련을 두지 않는 것 아니겠는가. 그 므시라꼬.

《법구경法句經》에도 이런 구절이 나온다. '활 만드는 사람은 뿔을 다루고 뱃사공은 배를 다루며 목수는 나무를 다루고 지혜로운 사람은 자신을 다루네.' 나를 다룰 줄 아는 사람이야말로

◆ '그게 뭐 큰일이라고'라는 뜻의 경상도 사투리.

나로부터 자유로운 사람일 것이다. 나의 일에도, 물건에도, 돈에도, 먹을 것에도, 시간에도 자유로운 사람 말이다.

어릴 때 얼음땡 놀이를 즐겨 했었다. 술래가 나에게 다가올 때 두 팔을 가슴에 올리고 "얼음!"을 외치면 술래는 나를 건드릴 수 없었다. 한겨울, 두껍게 언 북한산 입구 계곡에서도, 아카데미하우스, 4·19탑 묘지에서도 소란스럽게 놀았다. 방학에는 아침부터 저녁까지 고무줄 놀이, 딱지치기, 사방치기, 스카이 콩콩 같은 것으로 시간을 보냈다.

그 시절의 나처럼, 나는 지금 느릿한 시간을 보내고 있다. 두 손을 가지런히 가슴에 얹고 사람들에게 외친다. "얼음!" 나 이외에는 아무도 나를 건드릴 수 없다. 나에게 다가오려는 사람에게 멈추라고 단호하게 말하는 것, 그것이 바로 나의 자유를 지키는 첫 번째 걸음일 것이다.

한계 싸움은 이제 그만

사는 건 움직이는 과녁에 화살을 날리는 일이다. 경주마처럼 출발과 골인 지점이 정해져 있다면 좋겠지만 과녁도 움직이고 결승선도 사람마다 다르다. 그러니 더 이상 '할 수 있는 데까지

해보자' 하며 나와의 한계 싸움에서 이기려 들지 않았으면 좋겠다. 나와의 싸움은 이겨도 지는 것이고 져도 이기는 것이다. 극한으로 나를 밀어붙이면 지는 정도에서 끝나는 게 아니라 결국 쓰러지고 만다.

가족으로부터 자유롭습니까?

나는 부모로부터, 배우자로부터, 자식으로부터 자유로운가? 가족이라고 해서 무조건적인 사랑과 희생, 양보를 당연히 베푸는 게 맞을까? 가장 가까운 이들에게 느끼는 과도한 의무감, 나 아니면 안 된다는 생각, 숙제와 같은 부담감을 조금 내려놓아보자. 어디 자식이 내 마음대로, 나의 희생만큼 자라주던가. 배우자는 또 어떤가. 한없이 주기만 했던 부모님에게 나는 과연 좋은 보상이 된 존재였던가.

벚꽃을 찍던 택배 아저씨를 집 근처 쇼핑몰에서 다시 목격했다. 택배 두어 개를 부지런히 나르면서도 오가는 사람의 문을 잡아주고, 아이에게 말을 걸고, 아이와 함께 있는 반려견을 쓰다듬어주고 간다.

나는 그가 얼마의 돈을 버는지 잘 모른다. 지금 하는 일이 즐거운지는 더더욱 모른다. 하지만 그는 적어도 나보다 백배는 자유로워 보였다.

INTENNA

Q : 자유롭다는 건 당신에게 어떤 의미인가요?

Q : 당신은 당신으로부터, 가족으로부터 자유롭습니까?

Q : 지금 당신의 육체적 자유를 속박하는 것은 무엇인가요? 정신
    적 자유를 속박하는 것은 또 무엇일까요?

나와 함께하는
산책

하늘이 기막히다. 구름 한 점 없는 하늘, 세탁기 속 세제처럼 뭉게구름 가득히 퍼져나간 하늘, 와인 한잔을 쏟아놓은 것 같은 농염한 하늘, 기습 폭우 뒤 쌍무지개가 멋지게 가로지른 하늘 등 요즘의 하늘은 날마다 멋진 풍경 기록을 갈아치운다. 코로나 19로 지친 사람들에게 하늘이 주는 선물인가 보다.

"올해만 이런 건지, 매년 가을 하늘이 이랬는데 우리가 보지 못한 건지 잘 모르겠어요."

함께 산책하던 동네 지인이 대꾸한다.

"애국가 가사에도 나오잖아. 가을 하늘 공활한데 높고 구름 없이……."

그렇구나 우리나라 가을 하늘은 원래 공활(텅 비고 매우 넓다)

했구나. 이렇게 드넓고 아름다운 하늘을 이제껏 우리 인간이 미세먼지로 가려놓고 그 속에서 병마와 싸우고 있었구나.

멀리서 지켜주기만 해도 이렇게 진귀한 선물을 주는 자연인데 왜 굳이 사람들은 그곳을 헤치고 나아가려고 할까.

억만장자인 리처드 브랜슨 버진그룹 회장이 우주에 다녀온 이후 아마존 창업자 제프 베조스도 고도 100킬로미터를 넘어 우주를 비행하고 왔고 민간인 네 명도 그 뒤를 따랐다. 러시아의 감독과 배우는 국제우주정거장(ISS)에서 영화를 찍었다.

예전에 부자는 점심에 삿포로에서 우동 먹고 이탈리아 가서 스파게티 먹는다는 우스갯소리가 있었는데 이제는 별 보러 뉴질랜드도 아니고 우주로 간다. 천문학적인 돈을 들여서.

토끼가 절구질하는 보름달에 소원을 빌고, 하늘을 우러러 한 점 부끄럼 없이 살자 했던 조상님들이 이 사실을 알면 과연 뭐라고 할까. 인간은 원래 떠나고 싶은 욕망으로 가득한 존재라고 하니 우주를 제집 드나들 듯할 날이 곧 오겠지.

1990년대 초 배낭여행이 유행했었다. 비행기를 타고 바다를 건너 유럽, 미국뿐 아니라 아프리카, 인도, 티베트, 중동 같은 곳에 가는 용기 있는 친구들을 보면서 회사 책상에만 앉아 있는 현실이 답답하고 시시하게 느껴졌다. 세계사 책에서만 보던 문화유산을 직접 보고, 이국적인 풍경을 배경으로 사진을 찍고, 현지인들과 맥주를 즐겼다는 친구들의 이야기는 너무 멋져서 눈물이 날 지경이었다.

그리고 드디어 해외 출장을, 여행을 다니기 시작했다. 포르투갈, 일본, 중국, 미국, 싱가포르, 태국, 필리핀, 독일, 프랑스, 홍콩, 핀란드, 러시아, 호주 등을 다녔다. 공항에서 훅 느껴지는 이국적인 촉감은 세상이 참으로 광활하다는 것을 말해주었다. 그다음부터는 어렵게 휴가를 받아 해외로, 해외로 나갔다. 넓은 나라, 넓은 세상에서 자연의 위대함을 생각했다.

코로나19로 하늘길, 뱃길이 막힌 어느 날부터 선배, 지인, 친구들은 강화도, 충주호, 한계령, 동해 사진을 보내왔다. 집 근처 공원의 야경, 무지개, 동산의 야생화 사진도 추가되었다. SNS는 우리나라 들판, 강, 산, 바다의 사진들로 가득했고 그 속에서 캐낸 고구마, 감자, 배추 사진은 꽃보다 더 아름답고 풍성했다. 어린 시절을 들과 산에서 보낸 사람들은 옥수수, 수박, 칡을 캐 먹으며 토끼몰이를 하던 시절의 추억과 뱀, 종달새, 참새, 개구리 등을 잡아서 구워 먹던 이야기를 나누었다. 망원경으로 우주를, 외국을 보던 사람들이 현미경으로 우리나라의 산과 들, 강을 보기 시작했다. 좁은 데서 넓은 곳으로 나갔던 사람들이 다시 가까운 곳으로 돌아왔다. 우리가 사는 주변의 작은 세상에도 자연의 위대함은 존재했다.

처음 찾은 도심지 속의 자연은 남산 둘레길이었다. 남산 코앞에서 10년 넘게 직장 생활을 했으면서도 도심 한복판에 그런 아름다운 길이 있는지 처음 알았다. 꽃무릇인지 상사화인지 꽃 이름도 앱으로 알아내야 하는 처지지만 도심 속 자연의 정취는 어지러운 마음을 한결 가볍게 해주었다. 다양한 향신료와 소스, 양념으로 버무린 이국적인 음식을 맛보는 것이 여행의 백미인 줄로만 알았는데 익숙한 도시를 걷고 먹는 청국장은 또 어찌나 맛이 좋은지.

인류에게 많은 '생각할 거리'를 남긴 니체와 괴테도 산책을 즐겼다고 하지 않는가. 병약했던 니체는 하루에 여덟 시간을 걸으며 명상에 잠겼고, 괴테 역시 모두가 잠든 새벽길을 홀로 걸으며 달빛에 젖는 순간을 즐겼다고 한다. 소설 《젊은 베르테르의 슬픔》은 그렇게 자연 속에서 탄생했을 것이다.

사실 우리의 도시는 하늘을 찌를 것같이 우뚝 솟은 아파트와 빌딩, 쉽게 들고 나는 가게, 무분별한 개발 탓에 문화유산을 지키고 있는 외국 도시들에 비해 심심하고 단조롭고 때로는 위험하다. 얼마 전 재밌게 읽은 책 《골목 인문학》*에는 우리는 편의를

◆ 《골목 인문학》, 임형남·노은주 지음, 인물과사상사, 2018.

위해 스스로 불편하게 산다는 말이 나온다. 집을 나서자마자 집 앞까지 들어온 자동차를 피해 다녀야 하고 이제는 배달 음식을 나르는 오토바이와도 씨름해야 한다. 문명과 환경오염, 편리함과 불편함이 동시에 존재하는 곳. 서울은 그런 곳이다. 그런 서울이라도 이곳에서 나고 자랐으니 먼 곳으로 나갔다가 돌아오는 길이면 '서울'이라는 고속도로 표지판만 봐도 안정이 된다.

어느 라디오에서 부산, 대구, 광주, 제주, 춘천 등 도시마다 고유의 냄새가 있는데 서울에서는 '참치회 냄새'가 난다는 사연을 들은 적이 있다. 서울이 고향인 라디오 디제이 역시 참치회 냄새가 어떤 의미인지 언뜻 이해되지 않는다고 했다. 글쎄, 약간 단내가 나면서 비릿하기도 한, 단짠(달고 짠)한 느낌이랄까. 단정하고 고급스럽지만 든든하지 않아서 배는 잘 채워지지 않는, 그런 느낌일까?

"제주도에는 정말 세계의 모든 도시와 세상의 모든 계절이 존재하는 것 같아. 어릴 때는 잘 몰랐는데 서울에서 오래 살아봐서 그런가. 어쩌다 가면 고향이 맞나 싶을 정도로 새로워. 신기한 곳이야."

제주도가 고향인 친구 K는 남의 일 말하듯 한다.

"너, 서울도 얼마나 좋은 곳이 많은데. 우리가 몰라서 그렇지, 지난한 역사의 현장도, 왕족들의 사연이 얽힌 곳도, 문학 작품의 배경이 되는 곳도 많아.”

말과는 달리, 서울에서 나고 자랐지만 나는 아직 서울을 잘 모른다. 오천 년 도읍지로, 영욕의 역사를 품은 서울의 속내가 어떤지 이제부터 알아갈 참이다. 서울 돌고, 충주 찍고, 부산 찍고, 광주 찍고, 남해 찍고, 여수 찍고, 기다려라 제주도야. 곧 다시 가마.

스위스의 조각가이자 화가인 알베르토 자코메티는 철사처럼 가느다란 몸을 가진 사람 모양의 조각 작품으로 유명하다. 그는 피카소와 함께 세계에서 가장 비싼 작품을 만드는 예술가로 알려져 있다. 자신의 작품을 자주 부숴버려 작품 수가 워낙 적기 때문이라고 한다. 자코메티의 작품에서 뚜렷이 눈에 띄는 것은 발이다. 작은 얼굴, 길쭉하고 가느다란 몸과 달리 발은 온몸을 충분히 지탱할 수 있을 정도로 크고 튼튼하다. 2미터가 넘는 키의 앙상한 여인상 〈거대한 여인 III〉 역시 극단적으로 단순화된 모습이지만 다리와 발만큼은 크고 길다. 〈걸어가는 사람〉은 몸을 앞으로 구부린 채 큰 보폭으로 어딘가를 걸어가는 모양새를 하고 있는데 역시 발 모양만큼은 안정적이다.

자코메티는 이런 말을 남겼다.

“어디로 가야 하는지, 그리고 그 끝이 어딘지 알 수는 없지만 나는 걷는다. 그렇다. 나는 걸어야만 한다.”

둘레길과 두드림길

회사 후배는 얼마 전부터 달리기를 시작했다. SNS에는 동호인들과 함께 서울 둘레길을 달리고 빨간 우체통 앞에서 스탬프를 찍은 인증샷이 연이어 올라왔다. 말수가 적고 피부가 하얬던 후배의 얼굴은 어느덧 구릿빛으로 변했다.

인터넷을 찾아보니 서울에는 이미 둘레길 8코스와 여섯 개의 한양 도성길, 아홉 개의 자락길, 87개의 생태 문화길, 33개의 한강지천길, 그 밖에 열 개의 계절별 추천 달리기 코스가 조성되어 있었다. 거리, 소요 시간과 코스별 위치도 상세히 기재되어 있다. 후배처럼 완주 인증서를 받은 사람이 벌써 5만 명이 넘는다. 지인의 말에 따르면 서울만 그런 것이 아니라 전국의 산천과 도시가 맑은 공기를 마시며 걷기에 더없이 좋은 곳으로 재탄생하는 중이라고 한다. 도전 의식이 불타오른다.

역사와 함께 걸어가기

조금 다녀보니, 서울에는 그야말로 역사의 흔적이 곳곳에 숨어 있다. 걷기와 함께 역사 공부를 시작해보기로 했다. 이런 결심을 구체적으로 한 것은 정조의 사랑을 그린 드라마를 본 후부터다. 정조가 사랑했던 의빈 성씨와 아들 문효세자가 안치된 곳이 효창원이라고 한다. 정조는 궁에서 10리도 떨어지지 않은 청파 언덕에 사랑하는 두 사람의 묫자리를 마련했지만, 일제강점기에 효창원이 처참히 훼손되면서 묘는 고양시 서삼릉으로 강제 이장되었다고 한다. 대학교 4년 동안 오르내리던 효창공원과 청파 언덕, 그리고 결혼하기 전까지 살던 고양시에 그런 슬픈 사연이 있을 줄이야.

내가 살던 곳은 온통 역사의 현장이었다. 주말이면 간혹 오르는 아차산에는 고구려 장수 온달의 주먹 바위와 평강공주의 통곡 바위가 있으니 나는 온통 역사를 밟고 살아가고 있었다.

우리 아파트에는 아침의 경보녀와 한밤중의 러너군이 있다.

아침 8시 즈음이 되면 키 큰 여자분이 물통과 휴대폰을 아령처럼 들고 경보를 시작한다. 탄탄한 몸에 자세도 바르고 무엇보다 구릿빛 다리에는 말 근육이 불끈 솟아 있다. 혹시 운동선수가 아니었을까, 추측한다.

밤 12시 즈음에는 이십 대로 보이는 청년이 뛴다. 300미터 남짓한 아파트 원형 트랙을 열다섯 바퀴쯤 쉬지도 않고 달린다. 몇 번을 뒤쫓아 뛰어보지만 어림도 없다. 시야에서 사라졌다가 얼마 안 가 불쑥 뒤에서 나타난다.

자코메티의 '걸어가는 남자'와 '거대한 여인'이 실제로 우리 아파트에 살고 있었다.

INTENNA

Q : 최근에 걸었던 곳 중에서 가장 아름다웠던 곳은 어디인가요?

Q : 우리 동네에서 가장 자랑하고 싶은 곳은 어디인가요?

Q : 시공간을 초월해 가고 싶은 곳, 만나고 싶은 사람이 있나요?

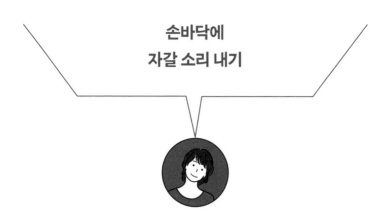

손바닥에
자갈 소리 내기

"우리 나이가 되면 손에 힘이 없어지고 정교함이 떨어져 자꾸 사고가 나지. 그러니 요런 맥가이버칼 하나쯤은 갖고 다닐 필요가 있어. 어르신들이 왜 허리춤에 칼 하나씩 차고 다녔는지 이제는 이해가 돼. 택배 상자 뜯을 때 아주 요긴하다니까."

옛 상사 L은 퇴직 후 직접 지은 농막과 서울을 오가며 생활하는데 빨간색의 앙증맞은 캠핑용 칼을 보여주며 이런 말을 한다. 부인에게 바칠 길가에 핀 들꽃을 꺾는 데도 요긴하게 쓰인다고 했다.

무채를 썰다가 약지 끝 마디 반쯤이 덜렁일 정도로 베였다는 말에 친구 P는 나이가 들면 일부러라도 날카로운 칼, 가위를 쓰면 안 된다고 조언했다. 칼, 자, 가위, 바늘, 망치 등 도구를 쓰는 일에 날렵한 편이었는데 집중력이 흐트러지고 어눌해진다. 손은 제2의 뇌라고 하는데, 벌써 뇌와 함께 손의 노화까지 시작된 건가.

사람의 뇌에서 가장 넓은 면적을 차지하는 곳은 손을 담당하는 부위다. 양쪽 손의 뼈는 54개. 사람 몸 전체의 뼈가 206개이니 그중 4분의 1가량이 손에 있는 셈이다. 다섯 개의 손가락이 서로 협력해 움직이는 것은 수학자들조차 원리를 풀 수 없을 정도로 복잡하다고 한다. 손의 진화는 뇌 용량의 급속한 팽창을 가져왔으며 이 과정에서 언어를 처리하는 부분이 생겨났다고 한다. 신경세포 또한 입과 혀 다음으로 많이 분포하고 있다. 그러니 젓가락질, 공기놀이, 바느질, 뜨개질을 잘하는 한국인의 두뇌가 좋다는 말에는 꽤 과학적인 근거가 있는 것이다.

휘영청, 보름달은 떴는데 일가친척들이 모여 음식을 만들고 차례를 지낼 수 없는 세상이 되었다. 갈비, 잡채, 국, 부침 등을 혼자서 하고 나니 몸이 천근만근이다. 다듬고 씻고 자르고 썰고 볶고 무치고, 다시 씻는 과정은 그야말로 손 사용의 절정이다. 요리는 극한 노동의 산물이지만 그 결과물은 너무도 쉽고 빠르게 사람의 입에서 목을 타고 위와 대장으로 사라진다. 맛있게 먹는 모습에 뿌듯함을 느낄 새도 없이 설거지거리가 산을 이룬다. 먹고 사는 일은 참 덧없는 일이다.

노동보다는 시간을, 양(量)보다는 질(質)을 선택했는데 지금은 효율을 따지기보다 경험을 선택한다. 할 줄 아는 음식이 하나둘 늘어나니 이웃과 나눌 것도 생기고 부모님께 한 상 차려드릴 수도 있다. 몸은 피곤해도 보람되고 즐겁다. 삼시 세끼를 차리고 오이지를 담그고 며칠 동안 소꼬리를 끓이고 만두를 빚고 각종 밑반찬을 만드는 일은 분명 고되지만, 권력의 정점에 서는 일이기도 하다. 먹는 일은 인간이 최후까지 지켜야 하는 것이니까.

"어제 우리 집 여사님이 주문하신 조립 가구가 배달 와서 종일 조립하고 청소하고 이제 끝났네. 소꿉장난으로 시작했는데 완전 중노동이야. 다음부터는 완제품으로 사야겠어."

단톡방에 갈비, 잡채 등 추석 요리 사진을 올리자 뒤이어 완성된 조립 가구 사진이 올라왔다.

"다들 바쁘구만. 조립과 분해의 최고봉은 총이지. 군에서 내가 총기 분해를 20초 만에 해서 우수상을 받았었지. 그땐 진짜 손이 날아다녔다니까."

저마다 바쁘게 무언가를 만들고 있다. 모두가 손바닥에서 자갈 소리가 나는 사람들이다.◆ 부지런한 사람이 늙지 않는다는 말이 다 이렇게 나온 건가 싶다.

◆ 손바닥이 굳어져서 비빈 때 나는 소리가 사살을 만지는 것 같다는 뜻으로, 노동으로 손바닥이 굳어짐을 이르는 말. 반대말은 '손바닥에 털이 나겠다'라고 한다.

"언니, 저는 요즘 피아노를 다시 쳐요. 유튜브를 보고 따라 치기도 했지만 어려운 곡은 도저히 안 배울 수가 없겠더라고요. 학원 다녀올 테니 좀 있다 봬요."

후배 Y는 어릴 때 피아노를 중단한 것에 미련이 남아 우쿨렐레에 이어 반백 살이 넘은 지금 다시 피아노를 배운다고 한다. 매주 영상으로 만나는 낭독회도 후배 Y가 시동을 걸었다.

"넌 치매 안 걸리겠다. 양손을 쓰는 게 얼마나 좋은데. 악기야말로 양손 사용의 극치 아니니."

왼손으로 하는 일이라고는 자판 치는 것밖에 없는 나는 왼손으로 칼질하고 가위를 잡는 사람들이 신기했고 지금은 양손을 잘 쓰는 사람들이 부럽다.

사실 왼손잡이는 양손잡이에 가깝다. 왼손잡이들은 부모님이나 선생님의 충고로 오른손잡이가 되려고 한 번씩은 노력해본지라 오른손잡이보다 양손을 쓰는 데 더 익숙하다. 중풍에 걸려도 양쪽 뇌를 골고루 쓰는 양손잡이가 회복이 빠르다고 하니 생각해보면 왼손으로 글씨 쓴다고 야단맞던 시절이 참 우스웠던 거다.

왼손잡이로 유명했던 아인슈타인, 레오나르도 다빈치, 미켈란젤로는 당시 기준으로 남들보다 오래 살았고 노후에도 많은 일을 해냈다. 실제로 미켈란젤로는 71세에 성 베드로 대성당의 건축 책임을 맡아 세부 도면을 직접 그리고 작업 현장을 지휘했

으며 85세에는 대성당의 돔을 설계하는 등 운명할 때까지 성당
건축에 열과 성을 다했다.

요즘은 메타버스를 활용한 가상공간에서 샹젤리제 거리를
구경하며 명품 옷을 구매하고 증강현실(AR)로 아파트 분양 방
송을 본다고 한다. 실제로 보고 만지고 느끼던 일을 마우스를 움
직이며 그 느낌을 머릿속에서 그려야 하는 시대다. 촉각도 후각
도 미각도 없다. 눈으로만 보는 것이 낯설지만 기술이 워낙 빠르
게 발달하니 머지않아 대면하지 않고도 오감을 느끼게 될 날이
오지 않을까.

그러던 어느 날, 영화 〈퍼펙트 센스〉를 보았다.

세계 곳곳에서 원인을 알 수 없는 전염병이 퍼지기 시작한다.
사람들은 서서히 감각을 잃는다. 제일 먼저 걷잡을 수 없는 슬
픔을 느낀 후 후각을 상실한다. 사람들은 이를 두고 종말이 왔
다고도, 화학전이 시작됐다고도, 하느님의 형벌이라고도, 외계인
의 짓이라고도 한다.

주인공 마이클이 셰프로 있는 식당에도 사람들의 발길이 끊
긴다. 마이클은 남은 재료로 옆집에 사는 전염병 연구원 수잔에
게 요리를 해주고 둘은 이내 사랑에 빠진다. 식당에서는 냄새를
맡지 못하는 손님들을 위해 더 짜고 더 맛이 강한 자극적인 요
리를 하지만 후각을 잃은 사람들은 더 이상 행복을 느끼지 못

한다. 그 후 미칠듯한 허기가 다시 그들을 덮치고 이내 미각마저 상실한다. 극도의 분노를 경험한 후에는 청각을 잃는다. 사람들은 남아 있는 감각에 의존하며 일상으로 돌아가려 하지만 곧 시각마저 사라지고 만다. 남은 것은 촉각뿐. 이마저 사라진다면 사람들은 어떻게 살아 있다는 것을 느끼게 될까?

실제로 쿠바에 있는 미국의 관타나모 수용소*에는 포로들이 고글과 귀마개, 마스크 등을 쓰고 모든 감각을 차단당한 채 생활하고 있다. 사진이 공개되고 전 세계에서는 인권 침해라며 맹비난이 쏟아졌는데 이는 감각을 차단당한다는 것이 얼마나 무서운 형벌인지를 반증하는 것이기도 하다.

종일 마스크를 쓰고 있어 세밀한 냄새를 맡기도 힘들고 악수를 나누는 것도, 껴안는 것도 금기가 된 요즘, 현실과 너무 유사한 영화와 기사에 모골이 송연해졌다. 상상력이라고 해야 할지, 예언이라 해야 할지. 불안한 마음에 괜히 코도 킁킁거리고 음식도 먹어보고 눈도 깜빡거리고 손도 쓰다듬어본다. 다행히 아직, 내 코, 입, 손은 쓸 만하다.

◆ 미국이 1903년부터 미군기지로 사용하고 있는 수용소로, 아프가니스탄의 알카에다와 탈레반 요원들이 포로로 갇혀 있다. 수용소는 곧 폐쇄될 예정이라고 한다.

왼손 사용하기

많이 늦었지만, 양손 사용에 도전했다. 우선, 그나마 쉬울 것 같은 양치질과 화장으로 시작했고 다음으로 밀가루 반죽, 무침 등의 요리 과정에 왼손을 사용해본다. 쉽지 않다. 문제는 조금만 신경 쓰지 않으면 결국 오른손이 왼손을 밀어낸다는 것이다. 무엇이든 공평한 분배와 균형이 숙제다. 특히 노동이 그렇다.

어루만지기

아이들이 어릴 때부터 유일하게 정성을 들여 해주는 것이 마사지인데, 최근에는 그 횟수를 늘렸다. 몸집들이 커져서 쉽지는 않지만 눕혀놓고 등과 머리, 발바닥, 손바닥을 문질러주고 얼굴, 두피를 꾹꾹 눌러준다. 누르고 때리고 주물러주는 행위는 나의 손에도 긍정적인 효과가 있는 것 같다.

"야, 너 여기 왜 이래? 언제 또 다친 거야?"

뭐든 만져야 알 수 있다. 어디가 아픈지, 어디에 상처가 있는지.

함께 요리하기

요리는 만들고 만지는 것, 모두가 가능한 행동 중 하나다. 아는 가족은 주말마다 특식을 먹는다. 아내, 남편, 딸, 아들이 번갈아가며 주방장이 되어 요리를 준비하고 다른 가족은 만족도에 따라 음식값을 지불한다고 한다. 요리는 배고픔에서 시작하지만 자립심으로 마무리되는, 참으로 묘한 것이다. 누구든 스스로 음식을 만들 수 있을 때 혼자 살 수 있다. 부엌에는 실로 많은 것이 숨어 있다.

얼마 전부터 펜화 그리기에 관심이 생겼다. 드라마 주인공 때문인데, 살면서 처음으로 그림을 그리고 싶다는 생각이 들었다. 온라인 선생님 몇 분을 주르륵 찾아 수업을 듣고 나무, 물고기, 책, 집 등을 따라 그리는 중이다. 언젠가는 드라마의 남자 주인공처럼 건축물, 내가 살고 싶은 집을 그려낼 계획이다.

피아노를 연습하는 후배에게도 선전포고를 날렸다.

"누가 먼저 해내나 보자고."

INTENNA

Q : 왼손으로 할 수 있는 것이 있나요(왼손잡이일 경우 오른손)?

_____

_____

_____

_____

Q : 오감(시각, 청각, 후각, 미각, 촉각) 중 어떤 감각이 가장 뛰어난가요?

_____

_____

_____

_____

Q : 손으로 만드는 것 중 가장 자신 있는 것은 무엇인가요?

_____

_____

_____

_____

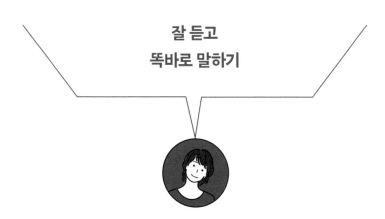

잘 듣고
똑바로 말하기

"I have no time to study something, because……."

"If I……."

"My memory is……."

이른 아침, 카페에 앉아 키보드를 두드리는데 어디선가 영어로 대화하는 소리가 들려왔다. 옆 테이블에는 30대로 보이는 여자와 70대 안팎의 여자 두 분이 앉아 있다. 30대분이 70대분들에게 영어 회화를 가르치는 자리인 것 같다. 며칠 동안 같은 시간에 자리를 옮겨가며 수업은 계속되었고 점점 자신감이 더하는 어르신들의 영어 대화를 들을 수 있었다. 머리가 하얗게 센 저분들은 대체 왜 이 시간에, 코로나19의 위험을 무릅쓰고 영어를 배우는 길까. 궁금한 마음에 귀가 자꾸 그쪽을 향했다.

친구와 밥 먹으러 들어간 목동의 곤드레밥 식당에는 서빙 로봇이 주문과 서빙을 도맡고 있다. 영화 속 첨단도시에서나 볼 법한 일인 줄 알았는데 로봇의 '입' 위치에 있는 화면에 주문할 음식을 입력하면 그 로봇이 다시 정확하게 우리가 앉은 자리로 먹을거리를 운반해오는 것을 보니 '첨단'도 참 별것 아니란 생각이 든다. 키오스크에 햄버거, 아이스크림을 주문하는 것 역시 처음엔 긴장됐는데 여러 번 하다 보니 그것 또한 별것 아니다. 똑똑한 기계는 '입'과 '귀'에서 '눈'과 '손'으로 신체의 활용을 변화시키고 있다.

"맘만 먹으면 종일 한마디도 하지 않고 지낼 수 있을 것 같아. 물건은 쇼핑 앱으로 사고, 음식은 키오스크나 배달 앱으로 주문하고. 말하는 법도 까먹겠다니까. 널 보니까 무인도에서 구조된 것 같다, 야." 오랜만에 만난 친구와 나는 쉴 새 없이 하고 싶은 말을 쏟아냈다. 말하는 법을 까먹지 않으려는 듯.

처음에는 불필요한 말이 없어진 것이 좋았다. 그동안 너무 많은 말을 하고, 들으며 자극받고 살았으니 세상이 조용해진 것에 '그래, 하늘이 너무 수다스럽게 산 인간들에게 입 좀 다물라고 벌을 주는 거구나' 하고 생각했다. 그런데, 입을 막고 귀가 닫히니 외딴 섬에서 유배 생활을 하는 것 같았다. 외롭고 답답하고 왠지 늙은 기분이랄까. 평소에는 "그거 뭐지? 왜 그거 있잖아",

"아, 기억이 날 듯 말 듯. 진짜 답답하네" 하며 누군가의 도움으로 부족한 기억력을 메웠는데 혼자서 그 어려운 걸 해내려니 힘에 부친다.

'말'은 뇌를 작동시키는 버튼 아닌가. 말이 뇌 공간을 자유롭게 유영해야 사고가 증폭하고 풍부해진다. 읽고 듣는 것은 배움의 영역, 말하고 쓰는 것은 생각한 것을 배출하는 영역이므로 듣고 말하는 것이 원활하지 못하면 뇌 기능이 저하되는 것은 너무도 당연한 이치다. 실제로 노년기에 자기 말을 귀담아 들어줄 가족이나 친구가 있으면 '인지 탄력성(cognitive resilience)'이 높아져 치매를 예방할 수 있다는 연구 결과도 있다. 대화 상대가 있고 그들로부터 조언을 듣고 사랑의 감정을 느끼는 모든 사회적 상호관계가 뇌 용적과 인지 기능에 영향을 준다는 것이다. 듣고 말하는 것만으로도 노화나 치매를 예방한다는 것이니 말하지 못하고 들을 수 없는 요즘, '늙는 기분'이 기분만은 아닌 것이 사실이겠다.

"우리의 삶을 바꿔줄 정치 문제에는 한마디씩 하는 게 맞습니다. 그러면서 상대의 이야기를 귀담아듣고 서로의 의견을 조율하는 연습을 해나가는 거지요. 정치 이야기야말로 성숙한 시민이 되는 길이라고 생각합니다."

동네 이웃과의 저녁 자리에서 '왜 정치 얘기를 꺼내냐'며 남편에게 눈총을 주자 이웃이 이렇게 말했다. 그랬다. 정치나 종교 등 찬반이 갈리고 호불호가 명확한 주제를 꺼내서 대화의 자리를 불편하게 만들지 말자는 것이 평소의 생각이었다. 대체로 주장이 명확한 편이지만 몇 차례 불편한 경험을 하고 나니 그런 주제는 입에 올리지 않는 게 예의라고 생각했다. 모두가 그렇게 익숙해지니 정반합을 아우르는 '의견'은 없어지고 보이는 대로 판단해 서로를 헐뜯는 혐오가 생긴 건가, 하는 생각마저 들었다. 사람들의 말수가 적은 이유는 할 말이 없어서가 아니라, 상대가 내 말에 관심이 없다고 생각하기 때문이고 따라서 과묵함은 '성격'이 아니라 과거의 인간관계에서 기대가 무너져내린 '습관'이라는 말도 있지 않은가.◆

하지만 그날만큼은 오랜만에 사회 문제에 대한 많은 이야기를 조심스럽고 예의 바르게 나누었다. 같은 생각에는 끄덕이고 다른 의견에는 양해를 구하면서. 비슷한 나잇대의, 다른 일을 하며 살아온 사람들이 아이를 키우는 부모라는 같은 입장에서 만나 정치, 교육, 문화 등 다양한 주제로 말하고 들으며 생각의 폭을 넓혀가는 건 참으로 큰 행운이었다. 무엇보다 남들도 나와 비슷한 생각을 한다는 연대감과 동지애가 느껴졌다.

논쟁이 필요한 대화, 토론이 가능한 대화에서 멀어지면 안 되

◆《대화의 심리학》, 마이클 니콜스 지음, 정지현 옮김, 씨앗을뿌리는사람, 2006.

겠다. 조심스러워 닫았던 말문을 열고 의견을 나누다 보면 더 큰 생각으로 발전할 수도 있고 몰랐던 것을 알게 되기도, 말하고 싶어도 단어가 떠오르지 않아 입 안에서만 맴도는 '혀끝 현상'도 좋아질 것이다. 결국 함께 산에 오르고 맛있는 음식도 나누어 먹게 될 것이다. 아니, 꼭 의미 있는 말일 필요도 없다. 맥주 한잔 놓고 한바탕 의미 없는 말을 하고 나면 뱉고 난 다음의 후회보다는 뱉었을 때의 후련함이 더 클 테니까. 나의 말로 상대가 귀를 씻을 수 있기를, 나의 말이 다른 이에게 귀한 손님이 될 수 있다면, 그 또한 더없이 큰 영광이겠다.

학교 후배 Y가 금요일 저녁, 비대면 독서 모임을 제안했다. 따로 책을 읽고 만나는 것이 아니라 화상으로 돌아가며 조금씩 낭독하는 방식이다. 첫 책으로 공자의 《논어》가 선정되었다. 한 페이지씩 읽고 본래 뜻을 이해한 다음 일상생활에서 느끼는 감정, 에피소드를 이야기했다. 기자, 선생님 등 다양한 직군에서 일하고 있고 전공도 모두가 다르니 세상을 보는 눈도, 경험도 각양각색이다. 공교육 문제, 이상과 현실의 차이, 주변 사는 이야기 등에 대해 때론 비슷하게, 때론 다르게 생각하는 것을 말하고 들으면 한 시간이 금방 간다. 정보도 얻고 생각도 고를 수 있다. 무엇보다, 깊은 생각과 태도로 삶을 대하는 후배들의 진짜 모습을 알게 되어 고맙고 대충 살고 있는 일상을 반성하며 잠들게 된다.

아침에 카페에서 영어를 배우는 어르신 한 분은 자녀들이 모두 해외에서 사는데 코로나19로 오갈 수 없게 되자 화상으로 손자들을 만난다고 한다. 손자들이 영어 반, 한국어 반을 섞어 쓰는지라 무슨 이야기를 하는지 정확하게 이해하고 할머니도 영어를 할 수 있다는 걸 보여주기 위해서 공부를 시작했다고 한다. 다른 한 분은 젊을 때 미국에서 생활하며 알게 된 외국인 지인이 곧 한국을 방문할 계획인데 한국의 다양한 부분을 보여주고 싶어서 공부를 시작했다고 했다. BTS의 팬이라고 말하는 지인에게 한국이 얼마나 근사한 나라인지 알리고 싶다고 했다.

그 연세에도 누군가와의 대화를 위해, 정확하게 듣고 더 많이 말하기 위해 배움을 게을리하지 않는 어르신들을 보니 부끄럼이 밀려온다.

누군가의 생각을 듣고 나의 생각을 나누는 일에는 서로의 언어와 지식, 정보, 가치 등 많은 것을 조율하는 일이 선행되어야 한다. 그 준비 과정이 없는 사람들은 서로 다투고 욕하며 헤어질 테고 충분히 공부한 사람들에게는 듣고 말하는 모든 시간이 선물이 될 테지. 이치에 맞지 않는 말, 쓸데없는 참견으로 꼰대 소리 듣지 않는 길이기도 하고.

오늘 나는 '바질 페스토' 만드는 방법과 소설 《전쟁과 평화》에 대해 선행학습을 할 계획이다. 바질 페스토는 요리에 능한 지인과의 대화를 위한 것이고 《전쟁과 평화》는 작은아이를 위한 것이다. 노력한 만큼 듣고 말하는 시간이 풍부해지겠지.

라디오, 오디오북 듣기

라디오 음악 프로그램을 청취하며 고등학교 시절을 보낸 세대라 라디오에 익숙한 편이다. 사회생활을 하는 동안에는 귀 기울일 틈이 없었지만, 최근에 다시 즐겨 듣기 시작했다. 시간대별로 청취자 연령대나 분위기가 다르지만, 청취자 사연은 대체로 변함없이 감동적이다. 노안으로 책을 읽는 게 불편해지면서 오디오북을 듣기도 하는데 걸으면서도 책을 읽을 수 있어 산책 친구로 더없이 좋다. 많이 들어야 좋은 말이 나오는 법이니.

한 그룹 열 명보다 열 그룹 한 명

마음에 맞는 열 명의 친구들과 비슷한 주제로 듣고 말하는 것보다 생각과 표현을 달리 하는 열 그룹의 한 명씩과 듣고 말하는 것이 건강과 발전에 더 이롭다. 다양한 생각의 방법, 방향을 배울 수 있다.

R U OK?

    코로나19가 결정적이었지만 첨단 기술의 발달, 경기 침체 등으로 사람들이 말문을 닫은 지 오래다. 서로의 사정이 다르니 많은 말보다는 "너, 괜찮아?" 정도만 건네면 어떨까. 실제로 호주에는 9월 둘째 주 목요일을 'R U Okay?(Are you Okay?) 데이'로 지정해서 가족, 동료, 선후배, 사제들이 서로에게 말을 걸고 차를 마시고 안아준다고 한다. 잊었던 사람이 있다면 지금 전화를 걸어 말해보자. "R U Okay?"

기억은 5~6초 전의 일을 떠올리는 단기 기억, 한 시간에서 며칠 전의 일을 돌이키는 최근 기억, 오래전의 일을 회상해내는 장기 기억, 오래전에 일어난 일로서 한 번도 떠올려본 적이 없는 것을 회상해내는 최고 기억으로 구분된다고 한다. 노년기에 이르면 일반적으로 단기 기억과 최근 기억 능력이 크게 약화되고 논리적인 것의 기억력이 더 크게 감퇴한다고 한다.

어쩐지, 요즘 들어 삼단논법도 안되고 추리력은 더 맥을 못 쓰는 것 같더라니.

노년에는 보는 것보다 듣는 것이 기억을 유지하는 데 도움이 된다고 한다. 쓸데없이 영양가 없는 말로 타인을 귀찮게 하느니 듣는 편을 선택하라는 얘기다. 근시와 노안으로 눈앞에 있는 것도, 멀리 있는 것도 읽기 힘든데, 차라리 잘 되었다. 좋은 명분이다.

INTENNA

Q : 모임에서 나는 주로 듣는 편인가요, 말하는 편인가요?

Q : 지금 내가 소속된 5인 이상 단톡방의 개수는 몇 개인가요?

Q : 당신은 '누구'와 '무엇'을 주제로 대화할 때 즐겁나요?

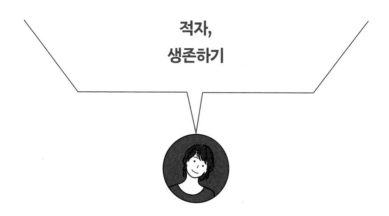

적자,
생존하기

"우리가 일주일 전에 어디 갔었지? ○○식당 안 갔지?"

안전 문자가 울리고 블로그에 확진자의 동선이 공개되면 가장 먼저 휴대폰의 일정 앱을 켜고 동선이 겹치지 않았는지 확인하는 게 일상이 되었다. 카드 사용 내역이 불량한 기억을 대신해주기도 하지만 코로나19 이후 되도록이면 지인과의 약속이나 방문처를 기록해놓으려고 애쓰게 되었다. 점심으로 뭘 먹었는지도 기억이 가물가물한데 일상의 일거수일투족을 기억해내는 일은 불가능에 가깝다. 마트에 들어서면 뭘 사려고 했는지 새까맣게 잊어버려서 필요 없는 물건들만 잔뜩 사 들고 오는 수준이니 말이다. 날이 갈수록 단기 기억력이 형편없어진다. 단조로운 일상이 반복되어서겠지. 어제, 오늘, 내일의 큰 구분이 없어져 무슨 일이든 뭉텅이로 저장된다. 기억보다는 기록에 의존하는 것이 옳은 나이가 되었다. 이제 기록은 생존을 위한 일이다.

"망했어. 파일이 안 열려."

회사에 다니던 시절부터 최근 몇 년 전까지, 그날 일어난 일, 품었던 생각, 오가며 눈에 들어온 재미난 문구, 신문에서 읽은 좋은 글, 속담, 격언, 드라마에서 본 감동적인 대사 등 구분 없이 되는 대로 기록해둔 파일이 열리지 않는다. '훈민정음' 프로그램으로 작성한 것인데 귀찮아 한글 파일로 변환해두지 않았다가 300페이지가 넘는 글이 송두리째 날아가버렸다. 복구가 힘들다는 말을 듣고 나니 전 재산을 사기당해 날린 것만 같다. 막역했던 친구에게 배신당한 것도 같다. 한동안은 기록하고 쓰는 일과 담을 쌓았다. 그렇게 기록 없이 지내니 몇 달이, 몇 해가 몇 가지 큰 불행과 행복의 사건으로만 남는다. 그런 날을 있게 해준 소중했던 일상은 날아가고 얄팍한 결과만 남았다고 해야 하나. 시간의 기록, 생각의 기록이 없으니 기억도 휘발된다.

마음을 잡고 새 파일을 만들어 다시 일상을 남기기 시작했다.

미래에 대한 고민, 현재의 불안, 남편과의 다툼, 아이에 대한 실망 등 대부분 날것의 지저분한 감정들이지만 이리저리 쓰고 나면 분노와 흥분은 가라앉고 미움은 희석된다. 객관화의 능력이 길러진다고 할까.

"아, 어떻게 해. 진짜 망했어." 주말 아침, 가족들이 외출하고 느긋하게 책상에 앉았는데, 이게 무슨 일인가? 130페이지짜리 파일이 열리질 않는다. 저장이 끝나기도 전에 급하게 노트북을 닫아버린 게 화근이었다. 늘 조심한다고 했는데. 어쩐지 노트북을 닫는 찰나, 왠지 모를 찜찜함이 들긴 했었다. 인터넷을 검색해 복구 프로그램을 다운로드받고 여기저기 자문해봤지만 열리지 않는다. 글자가 전부 이상한 코드로 뜬다.

전문가의 말이, "이런 경우 복구되는 경우는 거의 없어요. 파일 들고 여기저기 돌아다니며 시간 버리고 돈 쓰시느니 깔끔하게 포기하고 처음부터 다시 시작하세요. 괜히 기대하면서 돈 쓰고 시간 버리고, 마음까지 상하지 마시고"라고 한다. 맞는 말이지만 꼭 시베리아 한복판에 서 있는 것처럼 마음이 시리다. 기억보다 기록이, 기록보다 저장이 중요하다는 걸, 아니 보관이 중요하다는 걸 왜 매번 까먹는지.

기억이랄 것도 없는 기억에 의존해 다시 책상에 앉으면서 이전과는 좀 다른 기분이 든다. 기억 속의 것을 꺼내 읽고 고치고 다시 내뱉는 과정을 거치니 애초의 것보다 정돈되는 기분이 들기도 한다. 쓰는 일은 생각을 덧입히고 깎아내고 또 덧입히는 과정이랄까. 문자가 날아간 자리에 다시 채워진 문자는 이전의 것보다 조금 더 성숙해 보인다. 이런 일련의 사건 이후에는 무엇이든 쓰고 나서 이메일로 '내게 쓰기'를 한다. 메일에는 개봉하지 않은 나에게 쓴 편지가 주르륵이다.

15년 전쯤인가. 한국방송작가협회에서 만난, 당시 스무 살이 갓 넘은 P는 늘 무언가를 적었다. 여의도 뒷골목 포장마차에서 수강생들끼리 한잔을 나눌 때도 무언가를 계속 적어댔다. 그만 좀 적고 먹으라는 독촉에 그는 말했다.

"찰나의 느낌을 써두는 거예요. 금방 까먹잖아요. 하루에도 수많은 생각을 하며 살고, 그것을 저장해두고 싶은데 써두는 것 말고는 다른 방도가 없으니까요. 이런 기록이 저한테는 엄청난 글감이 돼요." 그런 P의 말과 행동이 오랫동안 기억에 남았다. 그의 시놉시스는 늘 특별했다. 당시만 해도 타임슬립, 평행이론, SF, 스릴러 등의 장르가 드물었을 때니 매번 그런 소재를 가지고 오는 P가 평범해 보이지는 않았다. 그의 발표를 들으면 동기생들의 반응은 늘 호불호가 갈렸다. 대박 아니면 쪽박이라고 평했다. 지금은 시나리오 작가가 되었을까? 궁금하다. 새 드라마나 영화가 시작되면 작가 이름부터 살피곤 한다. 분명 그는 좋은 극작가가 되었을 것이다.

시나리오를 가르치던 선생님도 그랬다.

"쓰는 건, 눈에 보이는 사물을 잡아두는 연습입니다. 보고 만지고 냄새 맡는 오감을 나만의 언어로 표현해보세요. 꽃과 나무 등 자연의 모습을 기록하는 건 묘사력을 키우는 데 더할 나위

없이 좋습니다.”

정말 그랬다. 한동안은 나에게도 이런 표현 능력이 있나 싶을 정도로 사물의 특징과 변화를 여러 각도로 묘사해냈다. 그러다 알게 되었다. 타고난 관찰력이 따로 있는 게 아니라 쓰고자 하니 주변에 관심이 생기는 것임을. 관심이 생기면 자연스레 전지적 작가 시점이 되고 타인의 상황, 감정, 표현 등이 눈에 들어왔다. 그리고 알게 되었다. 주변을 향한 관심은 곧 나를 향한 관심이라는 걸. 타인을, 상황을 관찰하고 기록하니 그 끝은 결국 나에게 가닿았다.

쓰는 일은 아무것도 아닌 하루를 때론 의미 있게 혹은 격정으로 만들어준다. 나조차 무심했던 나의 하루에 서사가 생긴다. 그러므로 쓰는 것은 다른 사람이 아닌 나를, 나의 가능성을 기록하는 일이다. 그러니 나는 앞으로 무엇이든 부지런히 써나갈 계획이다.

“엄마, 어제 꿈을 꿨는데 뭐라 설명하기는 힘들지만 해리포터급이었어.”

한창 성장 중인 작은아이는 요즘 부쩍 꿈을 많이 꾼다. 아침에 깨면 꼭 기억해두어야지 결심하지만, 오후가 되면 홀라당 까먹어서 억울하다고 했다. 작은아이도 나도, 늘 날려먹는 게 문제다.

“그래? 그럼 일어나자마자 그 꿈의 줄거리를 키워드 위주로 기록해두는 건 어떨까? 나중에 그 꿈을 소재로 책을 쓰면 조앤 롤링보다 더 유명해지고 돈도 많이 벌게 되지 않을까?" 작은아이는 한참 눈을 껌뻑이다가 조용히 묻는다.

"근데 엄마, 조앤 롤링이 누구야?"

결정적인 순간 한 가지가 모자라는 건 나의 자식이기 때문인가? 다른 집 자식들도 그런가? 늘 궁금하다.

편지를 쓰겠어요~

"일기도 일기지만 편지를 써보는 게 좋을 것 같아요. SNS도 나쁘지 않을 것 같고요."

글을 써보고 싶다는 지인에게 나는 제일 먼저 편지를 써보라고 권했다. 편지는 대상이 있으니 일기보다는 더 좋은 문장, 개연성 있는 글을 쓰려고 노력하게 된다.

아는 이들에게 안부와 감사를 전할 수도 있고 그들과의 지난날을 추억할 수도 있고 손편지로 쓴다면 젊은 시절 향수까지 전할 수 있어 좋다. 개인 SNS를 운영하는 것도 좋다. SNS에 올리기 위해서라도 의미 있는 무언가를 하게 되고 인상 깊은 글을 올리기 위해 다듬는 연습을 하게 되니 말이다.

가끔 이메일로 독자들의 편지가 도착한다. 카톡, 문자 등 짧고 빠른 대화의 시대에 손편지를 받은 것처럼 따뜻하고 감사하다. 그런 분들께는 찬찬히, 꼼꼼히 읽고 답장을 쓰게 된다. 우선, 독자가 있는 글을 써보는 게 좋겠다.

필사의 기술

쓰는 일이 반드시 창작일 필요는 없다. 잘 다듬어진 남의 글을 따라 쓰다 보면 손과 마음, 머리에 그 문장들이 새겨진다. "야, 영어 단어는 꼭 쓰면서 외워야 해. 손으로 써야 머리에 남는다고." 절대 손으로 쓰지 않는 작은아이에게 하루에 열 번쯤 하는 잔소리인데, 정작 나는 손으로 따라 쓰는 일을 놓은 지 오래다. 시, 소설, 시나리오, 백과사전, 교과서 등 아무것이나 손으로 따라 써보길 권하고 싶다.

유언장 또는 자만시

무시무시한 일로 느껴지겠지만 유언장을 미리 써보는 것도 좋다. 수년 전, 큰 수술을 하러 가며 명의 확인, 계좌 정리와 함께 혹시나 하는 마음에 유언장을 쓴 적이 있다. 몇 문장을 채 넘기지 못하고 눈물바다가 되어 그만두었지만, 나의 지난날이 꽤 명확하게 정리되었다. 나의 죽음을 생각하면서 자만시(自挽詩)◆를 써보는 것도 나쁘지 않다. 유언장이든 자만시든 앞으로 더 잘 살아가겠다는 각오가 생길 것이다. 나에게 가닿는 일, '쓰기'만 한 것이 없다.

◆ 스스로를 애도하는 시.

"네 아빠가 다 버렸다."

엄마는 늘 꼼꼼히 기록했다. 어떤 물건을 샀으며 세금은 얼마를 냈는지 누구에게 얼마를 빌렸고 얼마를 빌려줬는지, 우리 네 남매가 무엇 때문에 싸웠고 학교에서 몇 점짜리 통지표를 받아왔는지, 엄마의 일기장을 들춰보면 우리 집의 역사를 알 수 있었다. 엄마 몰래, 침대 위에 있는 그 일기장을 읽어보는 재미가 쏠쏠했다. 그런 노트가 수십 권. 산을 이룬다.

그런데 한겨울에 생긴 결로 현상으로 창고에 넣어둔 일기장 모두가 물에 젖었다. 말린다고 거실에 펼쳐놓은 그 일기장이 어느 날 싹 없어졌다.

아빠에게 물으니 다 젖어서 글씨도 알아볼 수 없고 그런 거 두어서 뭐 하냐고, 짐만 된다고 버렸다고 하신다. 그런데 엄마의 의견은 조금 다르다.

"고생하던 시절이 다 기록되어 있으니 아빠가 보기 싫다고 버려버린 모양이야. 증거인멸을 해버린 거지."

역시 기록보다는 저장이, 안전한 보관이 중요하다.

INTENNA

Q : 오늘부터 가사, 드라마 명대사, 고전소설, 시 중의 하나를 선택해서 열흘 동안 필사해보는 겁니다. 손으로도 좋고 자판으로도 좋습니다. 열흘 뒤, 어떤 느낌이 드나요?

_____

_____

_____

_____

Q : 나는 나의 (   ) 시절, (   )한 이야기를 글로 남기고 싶다.

Q : 나의 삶을 책으로 쓴다고 가정하고 첫 문장과 마지막 문장을 써봅시다.

_____

_____

_____

_____

_____

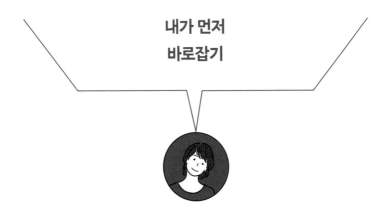

내가 먼저
바로잡기

다큐멘터리 감독인 은정(전여빈 분)은 촬영 현장에서 '개××' 같은 욕을 하며 화풀이를 하는 CF 감독(손석구 분)에게 얻다 대고 남의 귀한 자식에게 욕지거리냐며 사람을 왜 개로 만드냐고, 개가 아니고 사람이라며 니가 뭔데 지랄이냐고 소리치며 통쾌하게 감독을 제압한다. 드라마 〈멜로가 체질〉의 한 장면이다. 보는 순간, 드라마임을 잊고 "아싸" 하며 두 손을 불끈 쥐었다. 한참이 지나서도 이 찰진 라임의 대사가 기억에 남았다.

유독 이 장면에서 카타르시스를 느꼈던 건 옳지 못한 일이 벌어지는 현장에서도 그저 입 꾹 다물고 참던, 내 일이 아니면 굳이 개입하지 않으려 했던 기억 때문이겠지. '불편해질 필요 뭐 있어? 내 일이 아닌데'라고 했던 그 수많은 순간 때문에.

신입사원 시절, 홍보물을 제작하기 위해 생산 현장에서 사진 촬영을 할 때였다. 촬영 세팅 중에 뒤에서 큰 소리가 났다. 돌아보는 순간, 현장 반장이 느닷없이 여사원의 따귀를 때리는 장면을 목격했다. 이제 막 고등학교를 졸업한 듯한 앳된 얼굴의 눈에서는 눈물이 뚝뚝 떨어졌다. 정교한 부품을 생산하는 현장이니 한 치의 실수도 용납할 수 없었겠지만, 순간 주변은 얼음을 뒤집어쓴 듯 적막이 흘렀다. 나 역시 굳어서 아무것도 하지 못하고 오래도록 서 있었던 것 같다. 그 기억 때문일까? 아니면 지하철에서 성희롱하는 장면을 목격하고도 온몸이 굳어서, 혹시 그 남자가 나한테 다가올까 재빨리 다른 칸으로 이동하던 비겁한 순간이 떠올라서였을까.

누구나 드라마의 손석구처럼 순순히 "You, win"이라며 잘못을 인정하지는 않으니까. 신입사원 주제에 현장 경험이 많은 반장에게 "얻다 대고 남의 귀한 자식한테 따귀질이냐"며 소리칠 용기도 없었고 사람 많은 지하철에서 "니가 뭔데 지랄이냐"며 삿대질할 대범함도 없었다. 범죄자를 피해서 달아나는 것도 턱이 덜덜 떨리는 일이었으니까. 불의를 봤지만 수많은 순간, 조용히 외면하거나 방관했던 기억, 그 부끄러움들 때문이겠지.

운전 중 시비가 붙자 고급 차량의 차주가 아이들이 보는 앞에서 부모에게 "나이 먹고 능력 안 돼서 이런 똥차를 끌고 다닌다"

며 욕을 했다는 기사, 회사에서 상사가 부하에게 '엎드려뻗쳐'를 시켰다는 직장인 블라인드 앱의 글을 접하면 종일 미열 같은 분노가 차오른다. 가뜩이나 코로나 시국에, 이러면 안 되는데 열불이 뻗친다.

그래, 잘못은 한 번이 어렵지 그다음에는 두 번, 세 번도 당연해지. 그걸 바로잡으려 하면 나쁜 자들은 더 큰 소리를 내며 적반하장으로 나오는 법이다.

"자꾸 그런 일에 간섭하면 꼰대 되는 거야." 한강공원에서 분리수거 없이 일반쓰레기통에 잔뜩 쓰레기를 버리고 가는 학생들을 세워 "학생, 그건 재활용에 넣어야지. 여긴 일반 쓰레기야"라고 이야기하자 큰아이는 내 옷섶을 끌며 요즘 왜 그렇게 자꾸 아무에게나 간섭이냐며 타박이다. 잘못하면 큰일 난다고 조심 좀 하란다. 글쎄, 잘 모르겠다. 어디까지가 꼰대가 되는 것이고 어디까지가 통쾌한 전여빈이 되는 건지. 효자손 들고 조용히 분노만 하는 게 맞는 건지, 회초리라도 꺾어놓고 있어야 하는 게 맞는 건지 말이다.

"여기 넘어오면 결국 죽음뿐이야."
전 세계에 열풍을 일으킨 〈오징어 게임〉에서도 '선'을 넘은 이들은 모두 죽었다. 전쟁도 마찬가지. 국경을 넘으면 전쟁이 시작된다. 중앙선, 횡단보도 등 모든 교통법규 역시 선을 지키는 일이다. 선은 사람과 사람이 사는 데 필요한 최소한의 범위와 규약이다. 이를 지켜야 서로 아름답게 살 수 있다. 문제는 선이 선에서 끝나지 않고 때론 지옥의 문이 되고 낭떠러지가 된다는 것이다.

"미국에서 유학할 때였는데 같은 과 친구가 갑자기 뛰어와서 그러는 거야. 야, 너네 나라 다리가 무너졌다고. 강의실 입구에서 큰 소리로 말하는데 어찌나 부끄럽던지." 한국에서 BTS가 태어날지, 〈오징어 게임〉이 탄생할지, 〈기생충〉이 만들어질지, 세계가 아직 모를 그때, 외국인 친구들의 눈빛을 잊을 수가 없다고 지인은 말했다. 그리고 1년 뒤 삼풍백화점이 무너졌다. 1996년에는 한국이 OECD 가입 소식을 알렸지만, 다리와 백화점이 종이 모형처럼 무너진 나라에 아무도 박수를 보내진 않았다고 한다.

그리고 25년이 지난 올해, 또 건물이 무너졌다. 그래, 따귀를 참고, 욕설을 참고, '엎드려뻗쳐'를 참고 넘어가면, 갑질하는 자에게 속수무책으로 당하는 약자의 슬픔으로 끝나는 것이 아니라 25년이 지나서도 건물이 무너지는 것이지. '나 하나 참으면', '이 정도는 괜찮겠지', '누군가 나서 주겠지' 하는 마음은 마을을, 도시를 불행으로 빠뜨리고 그 불행이 도미노처럼 나라 곳곳으로, 그리고 대를 물려 전해지는 것이다. 비약 같은가? 아니다. 우리는 나도 모르는 사이 공동정범이 되고 있다. 작은 일에 눈을 감으면 법과 선을 무시하게 되고 그래서 대충 하고, 절차를 건너뛴다. 중간에 구멍이 생기니 무너질 수밖에.

종종 아파트까지 마트의 카트를 밀고 오는 이웃을 본다. 물론 연세가 많거나 짐이 많아서 가져오는 경우가 대부분이지만, 과연 제자리에 가져다 놓을까, 하는 의구심도 든다. 그럴 때마다 전 회사의 대표이사였던 K 부회장님의 말씀이 생각난다.

K 부회장님은 '룰'과 '프로세스'를 유독 강조했는데 늘 마트의 카트를 예로 들어 설명했다. (지금은 아니지만) 카트를 이용하기 위해서는 동전을 넣어야 하고, 사용 후 정해진 장소에 반납해야만 동전을 회수할 수 있도록 만든 프로세스 말이다. 자신의 이익이 침해당하지 않도록 프로세스를 만들어놓으면 룰은 자연스럽게 지켜진다는 것이다. 따라서 당연한 것을 당연하게 만드는 프로세스를 설계하라고 강조했다. 그렇게 정해진 룰과 프로세스에 따라 살다 보면 삶의 질도 공공의 이익도, 선(線)도 선(善)도 지킬 수 있는 것이라고. 처음에는 사람이 습관을 만들지만, 나중에는 이런 습관과 프로세스가 사람을 만드는 것이니 말이다.

"남극에 사는 황제펭귄들이 어떻게 그 추운 겨울을 나는지 알아?" 친구 L은 이런 문자와 함께 기사와 사진을 보내왔다. 방패를 들고 주르륵 서 있는 의무경찰대처럼 몸집 큰 펭귄이 일렬 횡대로 큰 원을 만들고 있다. 몸을 앞으로 숙이고 있는 듯해서 거대한 일이 벌어질 것을 막는 전사처럼 보였다.

친구 L이 보내온 기사에 따르면 남극의 한겨울은 기온이 최저

영하 88도까지 내려가고 시속 140킬로미터의 눈 폭풍이 몰아치는 극한의 추위로 그 속에서 펭귄은 이처럼 '허들링(huddling)'을 한다고 한다.

펭귄들이 서로 몸을 붙여 겹겹이 원을 만들고 천천히 돌면서 바깥쪽에 서 있는 펭귄의 체온이 낮아지면 안쪽에 있는 펭귄과 자리를 바꾸는 식으로 무리의 체온을 유지해나간다는 것이다. 이렇게 무려 4개월 동안이나 서로를 품어주며 극심한 추위를 이겨낸다고 한다. 서로가 서로에게 바람막이가 되고 그 누구도 무조건 희생되는 일 없이 생존을 이어가는 것이다.

"사람도 이렇게 살면 좋겠어. 바깥쪽에서 찬바람을 맞고 서 있는 사람, 안쪽에서 따뜻하게 있는 사람 차별 없이 서로 자리를 바꿔가면서. 그건 좀 힘들겠지?"

인생은 토너먼트전이다. 한 팀, 한 팀을 어렵게 이겨내야 다음 싸움을 할 수 있고 위로 올라갈 수도 있다. 그 냉정한 승부에서 서로를 위해 자발적으로 희생하기는 쉽지 않을 것이다. 그러니 그 누구도 거스를 수 없는 자연스러운 프로세스, 즉 체온이 떨어진 사람을 안으로 밀어 넣어주는 당연한 '룰'을 만들면 되지 않을까? 그런 프로세스가 있다면 나 역시 따뜻한 곳으로 갈 기회가 생기고, 또 남을 위해 밖으로 나가는 게 '희생'이 아니라 '당연'한 것이 되지 않을까?

엄마는 우리 네 남매를 업어서 키웠다고 했다. 그래서 곧게 뻗은 늘씬한 다리를 만들어주지 못했다고 미안해했다. 나 역시 시간이 날 때마다 아이를 포대기로 업었다. 아직도 포대기를 쓰냐며 보는 사람마다 웃었다. 아이는 그 안에서 온전히 자신의 무게를 나에게 넘겼고 나는 힘겹게 두 손을 깍지 끼어 휘청휘청, 걸음을 옮겼다. 아이는 나의 등에서 안전하고 따뜻하고 편안했을 것이다. 아이는 언젠가는 자신의 아이를 업을 것이고 그즈음, 나는 우리 부모님을 업고 있을 것이고, 좀 더 시간이 흐르면 (친구들은 그럴 일은 절대 없을 것이라고 했지만) 내 아이의 등에 내가 업혀 있을지도 모르겠다. 누군가를 업는 건, 상대의 무게를 나의 몸과 마음으로 받아내는 것이다.

어린아이를, 어르신을 업는 것처럼, 그렇게 돌아가며 업어주는 시스템이 필요하다고 생각한다. 그걸 어떻게 만들어갈 수 있는지는 아직 잘 모르겠지만 조금 더 살아본 우리의 역할이 필요할 것이다.

투자하고 가르치고

"왜 천사가 되시려는 건데요?"
지인이 퇴임 임원 몇 명과 함께 '엔젤 투자 클럽'*을 만들었다고 한다.

"우리의 전문적인 경험과 지식을 바탕으로 이제 막 창업하는 청년들이 사업을 정상궤도에 올릴 수 있도록 도움을 주고 싶은 마음이 첫째고, 요즘 트렌트를 알 수 있으니 재미있어서 좋고, 또 투자가 성공하면 일자리나 투자 이익을 얻을 수도 있고. 꼭 어디에 기부하는 게 전부는 아니라는 생각이야. 이런 것도 공헌이라면 공헌이고, 기부라면 기부가 아닐까?"

바로잡는 건 꼭 회초리만으로 하는 건 아닌 것 같다. 펜으로도, 돈으로도, 말로도 가능한 일이었다.

참여와 관심

아이 학교에서는 학교 예산 사용 알리미가 오고 구청에서는 구청 주관 사업에 대한 모니터링 문자도 온다. 내가 사는 아파트에서는 많은 일이 매주 열리는 입주자 대표회의에서 결정된다. 예전에는 그런 게 있는지도 몰랐지만 지금은 시간을 가지고 유심히 살펴본다. 젊은이들이 부지런히 인공지능과 로봇을 만들 동안 좀 살아본 우리는 뒤로 물러서 마을을, 도시를, 나라를 건

◆ 개인들이 돈을 모아 창업하는 벤처기업에 필요한 자금을 대고 주식으로 그 대가를 받는 투자 형태.

강하게 만드는 일에 귀를 열고 참여해 감시체계, 그리고 룰과 프로세스를 만들어가야 할 것 같다. 그 누구도 아닌, 내가 사는 곳이니까.

사진 찍지 마세요

산책을 나섰다가 노란색 조끼를 입고 외출 나온 인근 어린이집 아이들과 마주쳤다. 노란색 병아리처럼 예뻤다. 나도 모르게 사진을 찍으려고 휴대폰을 드니, 어린이집 선생님으로 보이는 분이 급하게 달려와 한마디를 한다.

"저희 아이들 찍으시면 안 돼요."

마스크에, 노란색 조끼를 입고 있어 누가 누구인지도 모를 정도이지만 단박에 알았다. 누군가는 아무 생각 없이 SNS에 올릴 수도 있고, 부지불식간에 범죄에 노출될지도 모르니 말이다. 그래, 아이들은 이렇게 지키는 거구나. 아뿔싸. 예뻐하고, 사랑하는 마음만으로는 지킬 수 없는 거였다.

각종 구호단체에는 '김달봉'이라는 이름으로 매년 꽤 많은 금액이 기부된다. 처음 전북에서 시작된 김달봉 기부는 전국으로 퍼져나가며 이제 누적 금액이 10억 원에 이르렀다고 한다. 김달봉은 저소득층을 위해 써달라는, 다문화가정을 위해 써달라는, 노인과 소년 가장을 위해 써달라는 편지를 남기고 홀연히 사라진다. 이제 김달봉은 개인인지, 단체인지, 한 명인지 여러 명인지 알 수 없다고 한다.

누구나 현장에서 뛰는 사람일 필요는 없다. 메가폰을 잡고 큰 소리로 훈계할 필요도 없다. 회초리를 든 사람이 있으면 허들링해주는 사람도 있어야 하는 법. 잘못된 것을 바로잡는 사람, 모자라는 것을 채워가는 사람이 동시에 존재할 때 삐뚤어진 세상이 바로잡혀가는 것 아니겠는가.

그래서, 넌 무엇을 훈계하고 무엇을 허들링하고 있니?

INTENNA

Q : 어려울 때, 알지 못하는 누군가로부터 도움을 받아본 경험
   이 있나요?

_____

_____

_____

Q : 혹시 지금, 누군가를 돕고 있나요? 그렇지 않다면 누군가를
   어떻게 돕고 싶나요?

_____

_____

_____

Q : 무엇이든 바꿀 수 있는 힘이 있다면 무엇을 바꾸고 싶나요?

_____

_____

_____

_____

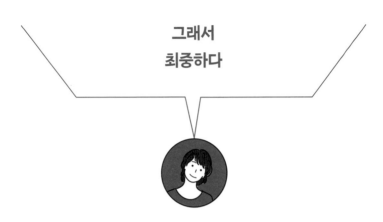

그래서
최중하다

입사했을 때, 회사는 변화의 소용돌이에 있었다. 해외 매장에서 먼지를 뒤집어쓰고 있는 제품과 생산 현장의 불량품들을 모아 사업장의 한가운데에서 화형식을 했다. 다시는 불량품을 생산하지 않겠다는 결연한 의지가 놀라웠다. 회사 곳곳에는 '초일류 기업'이라는 슬로건이 붙었다. 일류도 아니고, 초일류라니. 그런 단어가 있는지 그때 처음 알았다.

그리고 10년, 20년이 흘러 회사는 보란 듯이 세계 최초의 물건들을 만들어냈고 세계 1등이 되었다. 회사의 로고와 제품 광고가 세계 주요 도시 공항에 붙었고 출장길에 그것을 보면 가슴이 벅찼다.

제93회 아카데미 시상식에서 윤여정 배우가 영화 〈미나리〉로 여우조연상을 수상했다. 당당하고 위트 넘치는 수상 소감을 들으며 괜히 우쭐해졌다. 많은 사람이 진심으로 기뻐했다. 단지 '〈미나리〉에 나온 윤여정'에 대한 찬사는 아니었을 것이다. 미디어를 통해 만났던 그녀의 모든 연기, 말, 행동, 살아온 세월, 그 모든 것에 대한 끄덕임이었을 것이다.

그리고 이어진 기자 간담회에서 '지금이 최고의 순간인가'라는 질문에 그녀는 "최고란 말이 싫다. 최고가 되려고 하지 말고, 우리 다 최중(最中)으로 동등하게 살면 안 되냐"고 되물었다. 시상식 소감에서도 "나는 경쟁을 믿지 않는다"면서 다른 후보 배우들을 향해 "우리 모두 승리한 것이며, 단지 오늘은 내가 운이 더 좋은 것 같다"고 말해 좌중을 감동시켰다.

'모든 것에 줄을 세우고 등급을 매기며 1등 지상주의자로 살아온 사람들에게 최중이라니, 실현 불가능한 이야기를 이렇게 멋지게 해도 되는 거야'라고 말하는 이들도 있었고 '다, 듣기 좋으라고 하는 말이지 뭐야'라고 하는 이들도 있었다.

그리고 어찌 된 일인지 그렇게 요란한 플래시를 받던 그녀가 사라졌다.

한국에서는 영화뿐 아니라 채소 미나리의 효능이 기사로 도배되고, 미나리 요리가 유행하고 그녀의 과거 이력과 인터뷰가 재탕되는데도 정작 윤여정 배우는 어디에서도 찾아볼 수 없었다. 차기작 소식만 간간이 들려왔다. '미나리는 사철이요 장다리는 한철'이라는데 역시 미나리다운 행동이란 생각이 든다.

〈오징어 게임〉에서 '깐부'를 외쳤던 오영수 배우도 한국 배우 최초로 제79회 골든 글로브 시상식 TV 드라마 부문에서 남우조연상을 수상했다. 수상이 결정된 직후, 그는 인터뷰를 거절하며 그 이유로 "내일 연극이 있다. 그 준비가 나에게 더 중요한 일"이라고 했다고 한다. 처음이자 마지막일 것 같은 예능 프로그램에 출연해서는 "모두가 승자예요. 제가 생각하는 진정한 승자는 하고 싶은 일을, 최선을 다해서, 어떤 경지에 이르려고 하는 사람, 그런 사람이 승자고 그렇게 살면 좋겠어요"라고 했다. 영화에서 말한 '깐부'라는 단어로 광고까지 찍을 기회를 얻었지만, 해당 장면의 의미가 희석될 것이 두려워 광고 제의를 정중히 고사했다는 이야기는 너무도 유명한 일화가 아닌가. 사는 내내 다른 사람들을 비추던 무대 위 핀 조명이 드디어 나를 향해 비추는데 절대 선을 넘지 않는 모습에 또 마음이 간다. 이런 게 최중(最中)하는 걸까? 최중(最重)하는 걸까?

우리는 최고가 되라고 교육받았고, 노력했지만 결과적으로 모두가 그럴 수는 없었다. 재능이 부족해서일 수도, 노력이 부족해서일 수도, 혹은 둘 다 부족하거나 둘 다 넘치지만 성품이 안

되었을 수도, 아니면 그저 운이 나빴을 수도 있다.

최고가 되지 못한 나는 실패자인가? 낙오자인가?

아니, 비록 주연은 아니었지만 원 모양으로 빙 둘러서서 서로의 무게로 서로를 잡아당기며 무대 위 주연이 쓰러지지 않도록, 무대가 무너지지 않도록 팽팽한 긴장을 유지해온 최고의 조연이었다. 밖으로 튕겨 나가지 않도록, 아래로 떨어지지 않도록 서로가 서로를 붙잡아주는 황금의 무게. 그러니 모두가 다 같이 같은 무게를 가졌다. 모두가 윤여정이고 오영수인 셈이다. 이것이 바로 최중(最重) 아니고 무엇이겠는가.

여름이 무더울수록 가을이 위대하다고 했다.

땀 흘린 날도, 피곤함에 게으름을 피운 날도, 모든 걸 가지고 싶은 날도, 다 버리고 떠나고 싶은 날도, 불같이 화가 난 날도, 나를 놓아버리고 싶게 우울한 날도, 그 수많은 순간과 마음이 섞여 지금에 와 있는 것이겠다. 누구는 화려한 열매를 손에 들었을 것이고 누구는 초라한 양의 열매를 들고 서 있겠지만 모두가 서로의 무게를 감당하며 빙 둘러 서 있으니 최중(最中)하고 최중(最重)할 자격이 된 것 아니겠는가.

부지런히 그 과즙을 맛있게 먹고 열매 안에 숨은 씨앗을 땅에 심을 준비를 해야겠다. 10년 뒤에는 내가 심은 씨앗이 더 큰 열매를 맺을지 누가 알겠는가. 윤여정 배우처럼, 오영수 배우처럼 조용히 다음 드라마와 무대를 준비하는 것. 중요한 것은 계속 하는 것이니. 우리 역시 이제 조용히 다음의 무대로 나가면 된다.

성공은 최종적인 게 아니며 실패는 치명적인 게 아니다.
중요한 것은 지속하고자 하는 용기다.

_윈스턴 처칠

회사는 초일류가 되자고 했다. 경영 성과가 좋을 때는 방심하지 말고 이때를 발판 삼아 '퀀텀 점프' 해보자고 했으며, 정말로 경영 성과가 좋지 않을 때는 절체절명의 마음으로 위기를 돌파하자고 했다. 최고, 일류, 혁신, 차별화, 경쟁력 같은 단어들을 반복해서 들었다. 상대는 경쟁사이기도 했고 타 부서이기도 했고 동료이기도 했다. 모두가 이기는 방법에 몰두했다.

"아니, 왜 이렇게 순둥이가 된 거야?"
한참의 시간이 흘러 다시 만난 동료들은 멀겋게 싱거워져 있다. 먼저 가려고 애쓰던 사람도, 밀릴까 조급해하던 사람도, 이유 없이 매일 날을 세웠던 사람도 속도를 낮추고 느릿해졌다. 오래 사용한 연필심처럼 코끝이 뭉툭해졌다.
그래, 모두가 준비하고 있었던 게다. 천천히, 넓고 진하게 우리 두 번째 인생의 풍경을 칠할 준비를. 굳이 연필심을 깎을 필요도 없겠다. 쓱쓱 그리다 보면 어떤 그림이든 나타날 것이다. 코끝이 둥글어진 심은 선 굵은 밑그림을 그리기에도, 칠하기에도, 무엇을 강조하기에도 더없이 유용할 것이니.

INTENNA

Q : 살면서 내가 최선을 다한 일은 무엇인가요?

Q : 최선을 다했지만 결국 이루지 못한 일은 무엇인가요?

Q : 지금 나는 나에게 어떤 말을 해주고 싶나요?

이토록 멋진 나와 당신의 오늘

미국의 과학자 필립 후스는 도요새가 얼마나 멀리 나는지 관찰하기 위해 붉은가슴도요의 다리에 표식을 매고 12년 후에 잡아서 새의 비행 거리를 측정했다. 놀랍게도 도요새는 평생 52만 킬로미터의 거리를 비행한 것으로 확인됐다. 이것은 지구에서 달까지의 거리인 38만 킬로미터보다 14만 킬로미터나 더 길다. 고작 12년 동안 그 작은 새가 그 먼 거리를 날아다니다니. 지금 이 순간에도 이름 없는 어느 도요새는 태양보다 높이, 바다와 절벽, 사막을 지나서 멀리멀리 날아가고 있을 것이다.

어릴 때는 나도 도요새처럼 세상 곳곳을 돌아다니며, 미처 알지 못하고 보지 못한 미지의 어떤 세계를 찾아 날아다닐 거라, 막연히 생각했다. 그런데 의식주에 힘쓰고 사는 동안 나는 턱없이 작아졌고 날개의 힘조차 잃었다.

　도요새처럼 날아보지도 못했는데 덜커덕, 세상이 멈춰섰다. 모든 것이 얼어 붙어버렸다. 그런데 벚꽃이 피고 아지랑이가 올라오고 수수한 야생화들이 제 모습을 드러내며 덥석, 봄이 와버렸다. 자연은 부지런히 시간을 나르고 있었다. 세상의 입구에서 오직 사람만 입장 불가가 된 것이다.

　그런 시간이 계속되면서 사람이 살아가는 데는 사실 그렇게 큰 범위의 사회가 필요하지 않다는 것을 깨달았다. 동네를 걷고, 작은 강이나 산에 가는 것만으로도 살아갈 만하다는 것, 손이 닿지 않을 정도로 큰 식탁에서, 누군지도 모르는 사람들과 굳이 왁자지껄할 필요가 없다는 것, 먼 곳을 날아오르는 대신 가까이서 소곤소곤 대화를 나누는 것만으로도 충분히 풍요로울 수 있다는 것을 말이다.

　그리고 배경처럼 우리를 감싸고 있는 자연에 눈을 맞추고, 성장과 발전을 위해서라면 감내해야 한다고 믿었던 ‘버려지는 것들’에 대해 마음을 쓰기 시작했다. 이제 좀 적게 소비하며 살자는 이야기에 많은 사람이 고개를 끄덕인다. 불 위에 작은 솥을 얹어 끓여낸 음식을 조금씩 나눠 먹으며 앞으로의 시간이 건강해질 수 있다면 지금, 조금만 더 버텨보자고 서로를 다독인다. 사회가 불안하더라도 마을과 이웃이, 그리고 우리가 따뜻하면 사회는 결국 안전하게 버텨낼 거라고, 지금의 삶이 어쩌면 보험이 되어줄 것이라고 믿는다.

코로나19로 세계의 수많은 사람이 뜻하지 않은 죽음을 맞이했다. 소중하지 않은 생명이 어디 있고 목숨에 어찌 무게가 다를까마는 흰 보자기에 싸여서 아무렇게나 불구덩이에 들어가는 모습을 보며 생명이, 목숨이 이렇게까지 하찮을 수 있구나, 하는 처절함에 목이 메었다.

조만간 사람은 150세까지 살 것이라고 한다. 구글은 인간 수명을 500세까지 연장시키는 프로젝트를 진행 중이다. 500세라니, 어처구니없는 숫자다. 그러나 머지않은 미래에 현실이 될지도 모른다. 로봇이나 자율주행차 등 만화에서만 보던 것들이 지금, 눈앞에서 움직이고 있지 않은가. 불로초를 찾아 그토록 헤맸지만 결국 49세의 나이로 죽었던 진시황이 억울해서 무덤에서 나올 지경이다.

한국이 일본을 제치고 최장수 국가가 되었다는 기사도 보았다. 2065년 즈음이 되면 한국인의 기대수명이 무려 90.9세가 된다고 한다. 의료 기술과 건강보험제도의 발달, 높은 교육 수준으로 우리는 점점 더 오래 산다. 다행인지 불행인지 모르겠다.

생각해본다. 우리는, 과연 나는 오래 살 준비가 되어 있는가.

한국인 평균 기대수명을 기준으로 한다면 나는 앞으로 31번의 봄, 여름, 가을, 겨울을 볼 수 있을 것이다. 그 계절에서 나는 몇 번이나 온전히 꽃과 바다와 바람과 눈을 느낄 수 있을까?

시간은 누구에게나 같은 속도로 흐르지 않는다. 신이 공평하게 나눠준 시간을 사람들은 불공평하게 사용한다. 가장 성실한 사람이 가장 많은 시간을 갖고 가장 게으른 사람이 가장 많은 시간을 버린다. 돌아보면 과거는 마치 로켓처럼 흘러갔다. 사랑이 무엇인지 알기 전에 결혼했고, 부모의 역할이 무엇인지 알기 전에 자식을 낳았고, 인생이 무엇인지 알기 전에 이토록 나이가 들어버렸다.◆ 앞으로의 시간은 과연 어떻게 흘러갈까?

프랑스 소설가 파스칼 키냐르는 《옛날에 대하여》에서 시간은 '옛날'과 옛날 이후인 '과거', 그 두 가지만 존재한다고 했다. 과거, 현재, 미래라는 시간 개념은 속임수에 불과하다는 것. 현재마저도 과거라고 했다. 그래, 미래는 현재를 사는 자가 과거를 회상하며 만들어낸 시간 개념 아니겠는가. 현재는 곧 과거의 미래다. 진짜 미래는 없다는 것이다. 그러니, 미래라는 이름으로 앞으로 31번의 꽃과 바다와 바람과 눈을 기다릴 필요도, 지나친 기대를 할 필요도 없겠다. 그저, 이 시간을, 현재를 있는 그대로, 할 수 있는 만큼만 살아가는 수밖에.

◆ 춘원 이광수의 말 인용.

자신에 대한 자신감을 잃으면, 온 세상이 나의 적이 된다는 말이 기억난다.◆ 나는 앞으로 온 세상을 친구로 만들고 싶다. 500년이나 150세에 귀 기울이지 말고 눈치 보지 말고 불안해하지 말고 거대한 담론에 흔들리지도 말고, 하루하루 자신감을 가지고 친구들과 뚜벅뚜벅 걸어가는 수밖에. 그것이 시간이 우리에게 허락한 것이니. 우리는 그저 살아가는 존재일 뿐.

봄이로구나 봄봄.
눈치 없는 봄이 와락 안겨들었다.
쳇 그럼 뭘 해.
살랄라 원피스에 예쁜 손수건 손목에 묶고 소풍도 못 가는데.
그러다가,
그래, 이거라도 고맙다 했다.
이 갸륵한 생명의, 자연의 순서
제때 올 건 오고 갈 건 가야지.

봄이로구나 봄봄.

_나의 일기장에서 (2021. 4. 20)

◆ 미국의 사상가이자 시인인 랄프 왈도 에머슨의 말.

이토록 멋진 오십이라면

1판 1쇄 발행 2022년 5월 4일
1판 3쇄 발행 2022년 6월 24일

지은이 이주희
펴낸이 고병욱

기획편집실장 윤현주 **책임편집** 유나경 **기획편집** 장지연 조은서
마케팅 이일권 김윤성 김도연 김재욱 이애주 오정민
디자인 공희 진미나 백은주 **외서기획** 김혜은
제작 김기창 **관리** 주동은 조재언 **총무** 문준기 노재경 송민진

펴낸곳 청림출판(주)
등록 제1989-000026호

본사 06048 서울시 강남구 도산대로 38길 11 청림출판(주) (논현동 63)
제2사옥 10881 경기도 파주시 회동길 173 청림아트스페이스 (문발동 518-6)
전화 02-546-4341 **팩스** 02-546-8053
홈페이지 www.chungrim.com **이메일** cr1@chungrim.com
블로그 blog.naver.com/chungrimpub **페이스북** www.facebook.com/chungrimpub

ⓒ 이주희, 2022

ISBN 978-89-352-1379-5 (03320)